Impressum
Verlag: BABADADA GmbH, Nedderfeld 112 , 22529 Hamburg
Geschäftsführer / Verlagsleitung: Harald Hof
Druck: Books on Demand GmbH, In de Tarpen 42, 22848 Norderstedt

Imprint
Publisher: BABADADA GmbH, Nedderfeld 112 , 22529 Hamburg, Germany
Managing Director / Publishing direction: Harald Hof
Print: Books on Demand GmbH, In de Tarpen 42, 22848 Norderstedt, Germany

ကျောင်း

школа

စာသင်ခန်း
класна кімната

စားသည်
ділити

186/2

ဘုတ်ပြား
дошка

ကျောင်းဝင်း
шкільний двір

ဆရာ ဆရာမ
вчитель

စာရွက်
папір

စာရေးသည်
писати

ဘောပင်
ручка

စာရေးစားပွဲခုံ
письмовий стіл

ပေတံ
лінійка

စာအုပ်
книга

သူငယ်အိမ်
учень

အဖုံးပါ ဘေးလွယ်အိတ်

ранець

ခဲတံဖူး

пенал

ခဲတံ

олівець

ချွန်စက်

точило

ခဲဖျက်

гумка

ပုံဆွဲစာအုပ်

альбом для малювання

ပုံဆွဲခြင်း

малюнок

ဆေးခြယ်သည့် စုပ်တံ

пензель

အရောင်စုံ ဗူး

коробка фарб

ကပ်ကြေး

ножиці

ကော်

клей

လေ့ကျင့်ခန်းစာအုပ်

зошит

အိမ်စာ

домашнє завдання

12

နံပါတ်

число

2+2

ပေါင်းသည်

додавати

5-2

နုတ်သည်

віднімати

2×2

မြှောက်သည်

множити

တွက်ပါ

рахувати

A

စာ

літера

ABCDEFG
HIJKLMN
OPQRSTU
VWXYZ

အက္ခရာ

абетка

စကားလုံး

слово

ဖတ်စာအုပ်

текст

ဖတ်သည်

читати

မြေဖြူ

крейда

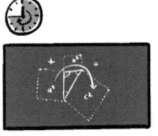

သင်္ခန်းစာ

година

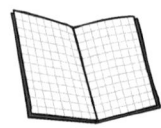

ကျောင်းခေါ်ချိန်
မှတ်တမ်းစာအုပ်

класний журнал

စာမေးပွဲ

екзамен

အထောက်အထားလက်မှတ်

диплом

ကျောင်းဝတ်စုံ

шкільна форма

ပညာရေး

освіта

စွယ်စုံကျမ်း

лексикон

တက္ကသိုလ်

університет

အနုကြည့်မှန်ပြောင်း

мікроскоп

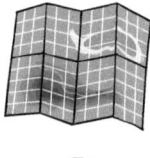

မြေပုံ

карта

အမှိုက်စွန့်ပုံး

кошик для паперу

ခရီးသွားသည်

подорож

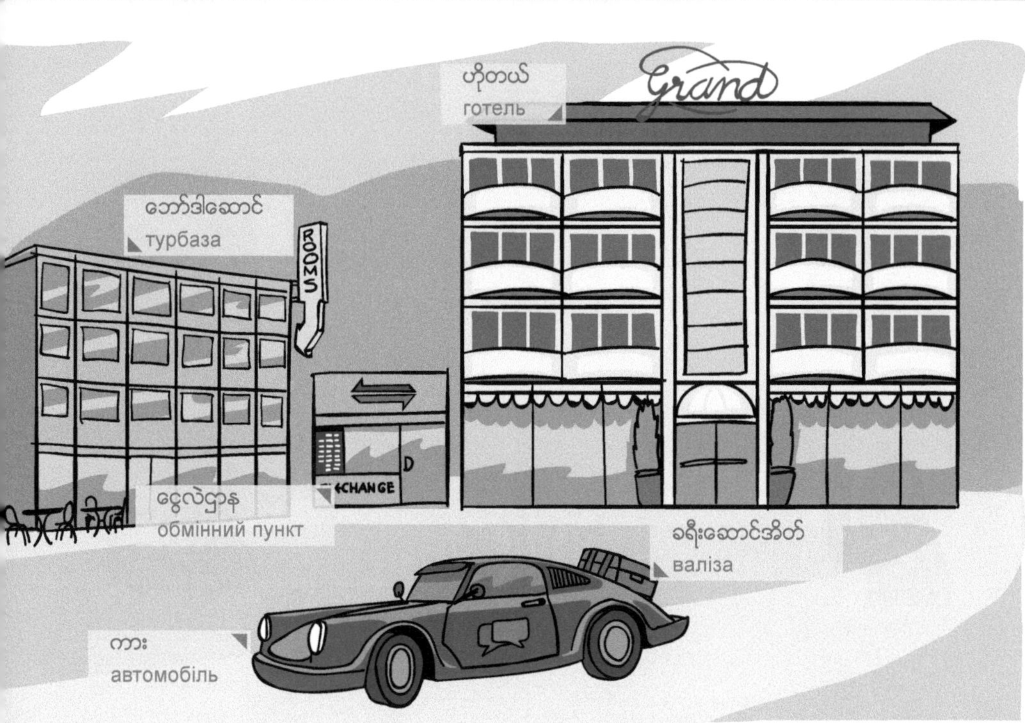

ဟိုတယ်
готель
Grand
ဘော်ဒါဆောင်
турбаза
ROOMS
CHANGE
ငွေလဲဌာန
обмінний пункт
ခရီးဆောင်အိတ်
валіза
ကား
автомобіль

ဘာသာစကား

мова

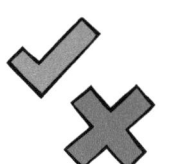

မှန် / မှား

так / ні

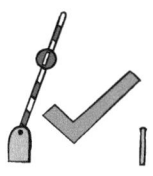

အိုကေ

добре

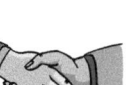

ဟယ်လို

привіт

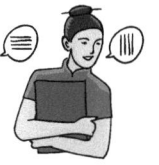

ဘာသာပြန်

перекладач

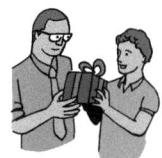

ကျေးဇူးတင်ပါတယ်

дякую

......က ဘယ်လောက်လဲ။

Скільки коштує ...?

ကျွန်ုပ် နားမလည်ဘူး

Я не розумію

ပြဿနာ

проблема

မင်္ဂလာ ညနေခင်းပါ။

Добрий вечір!

မင်္ဂလာ နံနက်ခင်းပါ။

Доброго ранку!

မင်္ဂလာ ညပါ။

На добраніч!

ဘိုင်းဘိုင်

До побачення

ဦးတည်ရာ

напрямок

ခရီးဆောင်သေတ္တာ

багаж

အိတ်

сумка

ကျောပိုးအိတ်

рюкзак

ဧည့်သည်

гість

အခန်း

кімната

တစ်ကိုယ်စာအိပ်ယာလိပ်

спальний мішок

ရွက်ထည်တဲ

намет

ခရီးသွားသည် - подорож

ခရီးသွားဧည့်သည်အတွက်
သတင်းအချက်အလက်

туристична інформація

ကမ်းခြေ

пляж

အကြွေးဝယ်ကတ်

кредитна картка

နံနက်စာ

сніданок

နေ့လည်စာ

обід

ညစာ

вечеря

လက်မှတ်

квиток

ဓာတ်လှေကား

ліфт

တံဆိပ်ခေါင်း

поштова марка

နယ်စပ်

межа

အခွန်များ

митниця

သံရုံး

посольство

ဗီဇာ

віза

နိုင်ငံကူးလက်မှတ်

паспорт

သယ်ယူပို့ဆောင်ရေး

транспорт

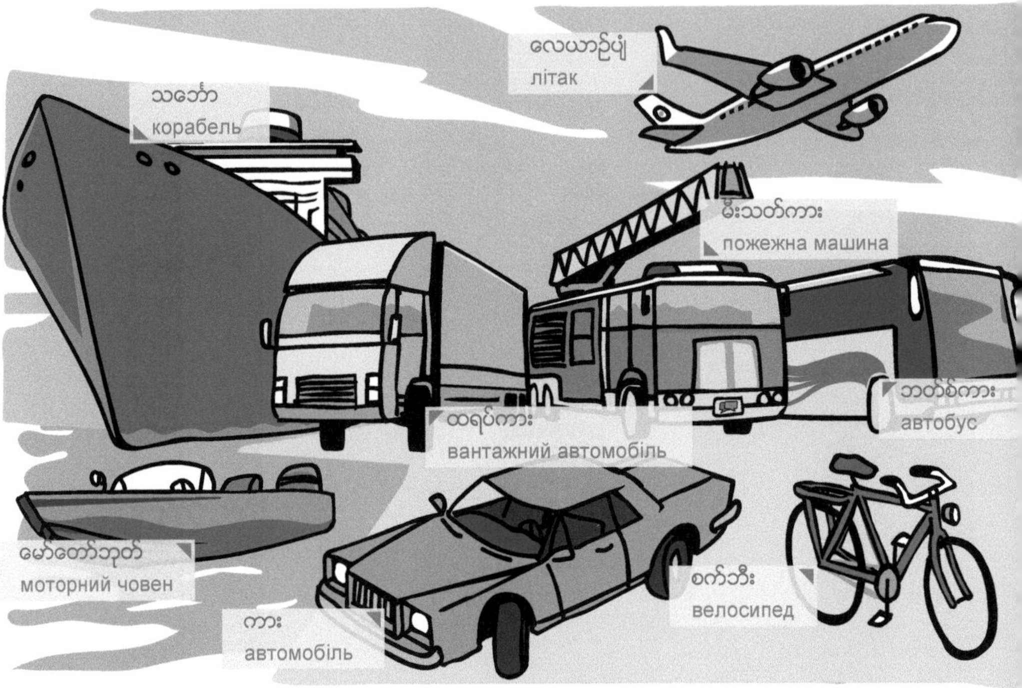

လေယာဉ်ပျံ
літак
သင်္ဘော
корабель
မီးသတ်ကား
пожежна машина
ဘတ်စ်ကား
автобус
ထရပ်ကား
вантажний автомобіль
မော်တော်ဘုတ်
моторний човен
စက်ဘီး
велосипед
ကား
автомобіль

ဖယ်ရီသင်္ဘော

пором

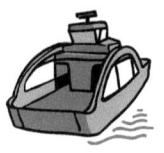

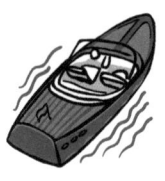

လှေ

човен

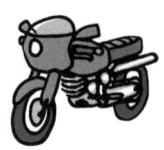

မော်တော်ဆိုက်ကယ်

мотоцикл

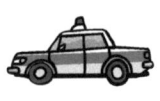

ရဲကား

поліцейська машина

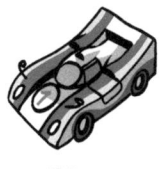

ပြိုင်ကား

гоночний автомобіль

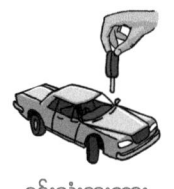

စင်းလုံးငှားကား

автомобіль на прокат

ကားဝေမျှသုံးစွဲခြင်း

спільне користування авто

ပျက်နေသော ထရပ်ကား

евакуатор

အမှိုက်သယ်ယာဉ်

сміттєвоз

မော်တာ

двигун

လောင်စာ

паливо

ဓာတ်ဆီဆိုင်

автозаправна станція

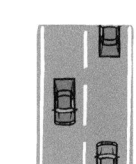

လမ်းကြောပြ ဆိုင်းဘုတ်

дорожній знак

ယာဉ်အသွားအလာ

рух

လမ်းကြောပိတ်ဆို့မှု

затор

ကားရပ်နားရာနေရာ

стоянка

ရထားဘူတာရုံ

вокзал

လမ်းကြောင်းများ

рейки

ရထား

потяг

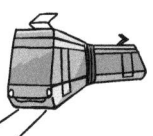

ဓာတ်ရထား

трамвай

ရထားလုံး

вагон

ဟယ်လီကော်ပီတာ

гелікоптер

လေဆိပ်

аеропорт

တာဝါ

вежа

ခရီးသည်

пасажир

ထည့်စရာပုံး

контейнер

ကတ်ထူပုံး

коробка

လှည်း

візок

ခြင်း

кошик

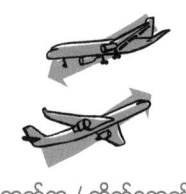

ထွက်ခွာ / ဆိုက်ရောက်

стартувати / приземлятися

မြို့တော်

місто

ကျေးရွာ

село

မြို့လယ်ခေါင်

центр міста

အိမ်

дім

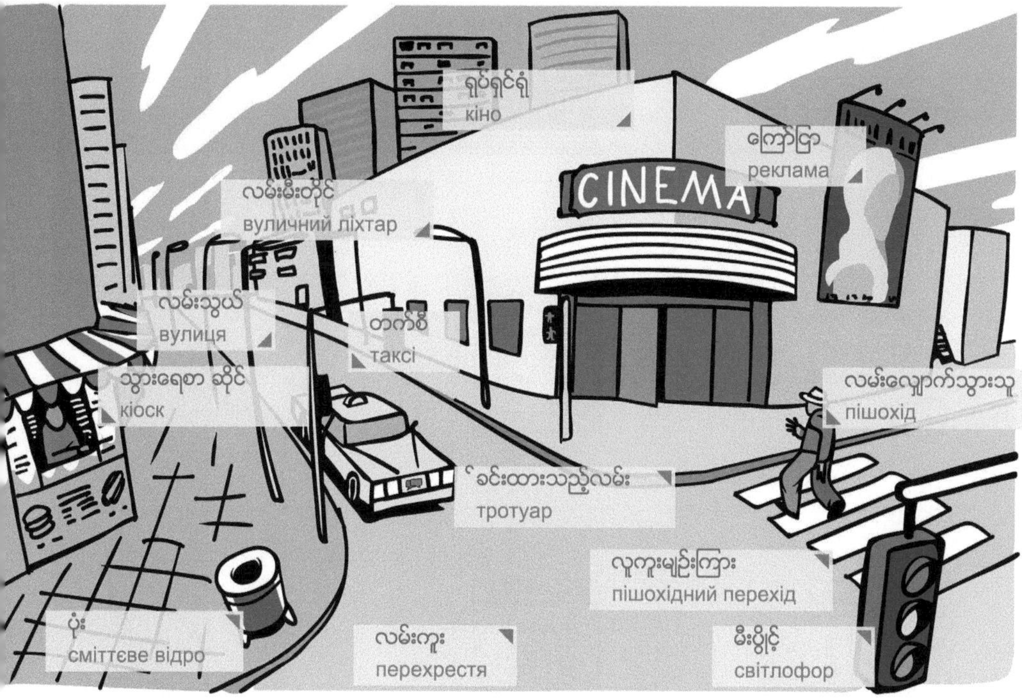

ရုပ်ရှင်ရုံ
кіно

ကြော်ငြာ
реклама

လမ်းမီးတိုင်
вуличний ліхтар

လမ်းသွယ်
вулиця

တက္ကစီ
таксі

လမ်းလျှောက်သွားသူ
пішохід

သွားရောစာ ဆိုင်
кіоск

ခင်းထားသည့်လမ်း
тротуар

လူကူးမျဉ်းကြား
пішохідний перехід

ပုံး
сміттєве відро

လမ်းကူး
перехрестя

မီးပွိုင့်
світлофор

တဲအိမ်
хатина

နေအိမ်ခန်း
квартира

ရထားဘူတာရုံ
вокзал

မြို့တော်ခန်းမ
ратуша

ပြတိုက်
музей

ကျောင်း
школа

မြို့တော် - місто

တက္ကသိုလ်

університет

ဘဏ်

банк

ဆေးရုံ

лікарня

ဟိုတယ်

готель

ဆေးဆိုင်

аптека

ရုံးခန်း

офіс

စာအုပ်ဆိုင်

книжковий магазин

ဆိုင်

магазин

ပန်းရောင်းသူ၏

квітковий магазин

စူပါမားကတ်

супермаркет

ဈေး

ринок

ပစ္စည်းမျိုးစုံရောင်းသည့်
စတိုးဆိုင်ကြီး

універмаг

ငါးရောင်းသူ၏

торговець рибою

ဈေးဝယ်စင်တာ

торговельний центр

သင်္ဘောဆိပ်

гавань

မြို့တော် - місто

အနားယူပန်းခြံ

парк

ထိုင်ခုံတန်း

лава

တံတား

міст

လှေကားထစ်များ

сходи

မြေအောက်

метро

ဥမင်လှိုင်ခေါင်း

тунель

ဘတ်စ်ကားမှတ်တိုင်

автобусна зупинка

ဘား

бар

စားသောက်ဆိုင်

ресторан

စာတိုက်သေတ္တာ

поштова скринька

လမ်းဆိုင်းဘုတ်

вулична табличка

ကားရပ်နားခ ကောက်ခံသည့်
မီတာ

лічильник паркування

တိရိစ္ဆာန်ရုံ

зоопарк

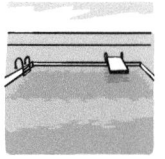

ရေကူးကန်

басейн

ဗလီ

мечеть

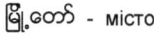

လယ်ယာ

ферма

ညစ်ညမ်းမှု

забруднення навколишнього середовища

သချႌႈင်းကုန်း

кладовище

ဘုရားရှိခိုးကျောင်း

церква

ကစားကွင်း

дитячий майданчик

ဘုရားကျောင်း

храм

ရှုခင်း

ландшафт

သစ်ရွက်
листок

ဆိုင်းဘုတ်
вказівний стовп

လမ်း
шлях

မြက်ခင်း
луг

ကျောက်တုံး
камінь

တောင်တက်သမား
мандрівник

သစ်ပင်
дерево

မြစ်
річка

မြက်
трава

ပန်း
квітка

တောင်ကြား

долина

တောင်ကုန်း

гора

ရေကန်

озеро

သစ်တော

ліс

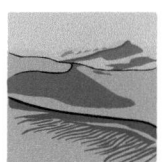

သဲကန္တာရ

пустеля

မီးတောင်

вулкан

ရဲတိုက်

замок

သက်တန့်

веселка

မှို

гриб

ထန်းပင်

пальма

ခြင်

комар

ပျံသန်းသည်

муха

ပုရွက်ဆိတ်

мурашка

ပျား

бджола

ပင့်ကူ

павук

ပိုးတောင်မာ

жук

ဖား

жаба

ရှဉ့်

вивірка

ဖြူကောင်

їжак

ယုန်

заєць

ဇီးကွက်

сова

ငှက်

птах

ငန်း

лебідь

တောဝက်

кабан

သမင်

олень

ချိုပြားဒရယ်

лось

ဆည်

гребля

လေအားသုံး
လျှပ်စစ်ဓာတ်အားပေးစက်

вітряк

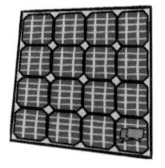

နေရောင်ခြည်ခံပြား

сонячний модуль

ရာသီဥတု

клімат

16   ရှုခင်း - ландшафт

စားသောက်ဆိုင်

ресторан

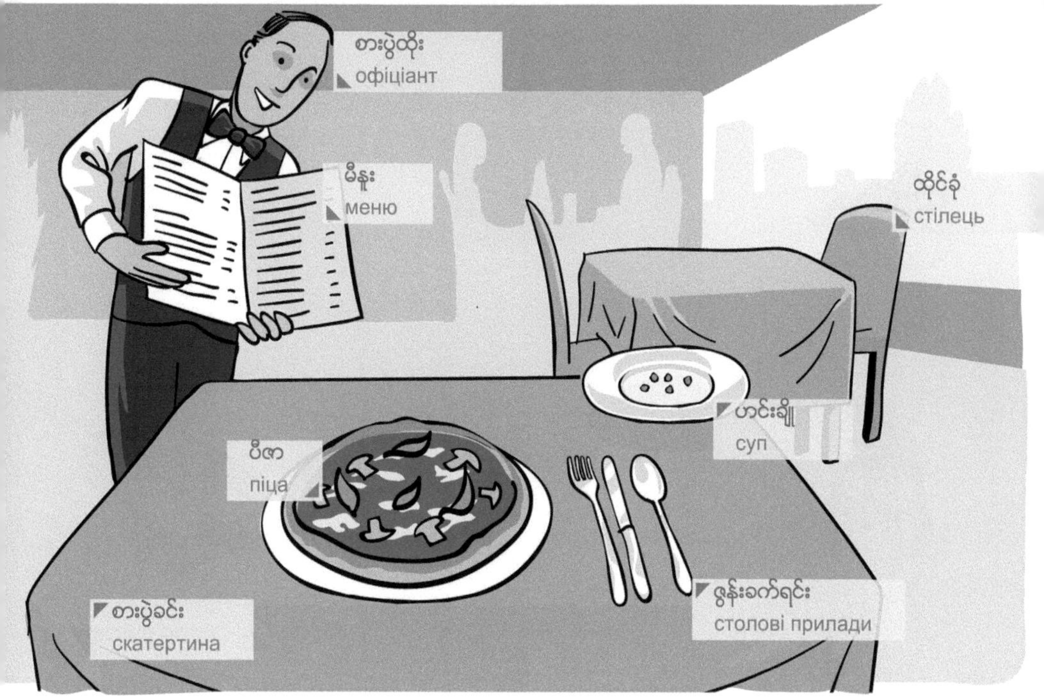

စားပွဲထိုး
офіціант
မီနူး
меню
ထိုင်ခုံ
стілець
ဟင်းချို
суп
ပီဇာ
піца
စားပွဲခင်း
скатертина
ဇွန်းခက်ရင်း
столові прилади

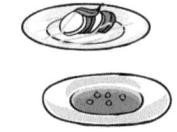

ပထမဆုံး စားသည့် အစာ

закуска

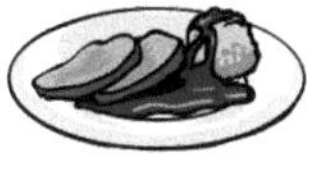

ပင်မ အစာ

друга страва

အချိုပွဲ

десерт

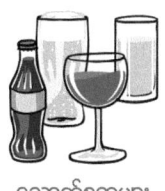

သောက်စရာများ

напої

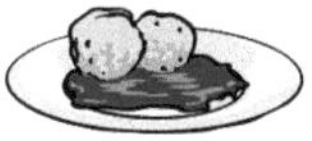

အစားအစာ

їжа

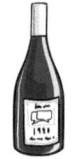

ပုလင်း

пляшка

အသင့်ပြင်ပြီးသား အစားအစာ

фаст-фуд

လမ်းဘေးအစားအစာ

вулична їжа

လက်ဖက်ရည်အိုး သို့မဟုတ်
ရေနွေးကြမ်းအိုး

чайник

သကြားအိုး

цукорниця

တစ်ယောက်စာ

порція

အက်စက်ပရက်ဆို ကော်ဖီစက်

еспресо-машина

ထိုင်ခုံအမြင့်

високий стільчик

ငွေတောင်းခံလွှာ

рахунок

ပန်း

піднос

ဓါး

ніж

ခက်ရင်း

вилка

ဇွန်း

ложка

လက်ဖက်ရည်ဇွန်း

чайна ложка

လက်သုတ်ပုဝါ

серветка

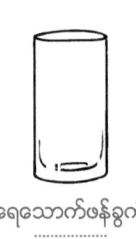

ရေသောက်ဖန်ခွက်

склянка

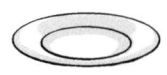

ပန်းကန်ပြား

тарілка

ဟင်းချိုပန်းကန်ပြား

тарілка для супу

ပန်းကန်ပြား

блюдце

ဆော့စ်

соус

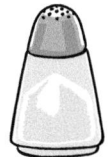

ဆားအိုး

солонка

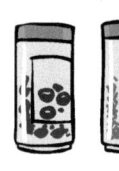

ငရုတ်ကောင်း ချေစက်

млин для перцю

ရှာလကာရည်

оцет

ဆီ

масло

ဟင်းခတ်အမွှေးအကြိုင်

спеції

ခရမ်းချဉ်သီးဆော့စ်

кетчуп

မုန်ညင်းဆီဆော့စ်

гірчиця

မယိုးနိစ်

майонез

စူပါမားကတ်

супермаркет

အထူးကမ်းလှမ်းချက်
пропозиція
FOR
ဖောက်သည် သို့မဟုတ် ဈေးဝယ်သူ
клієнт
နို့ထွက်ပစ္စည်း
молочні продукти
သစ်သီး
фрукти
ထရော်လီလှည်း
візок для покупок

BUTCHERS

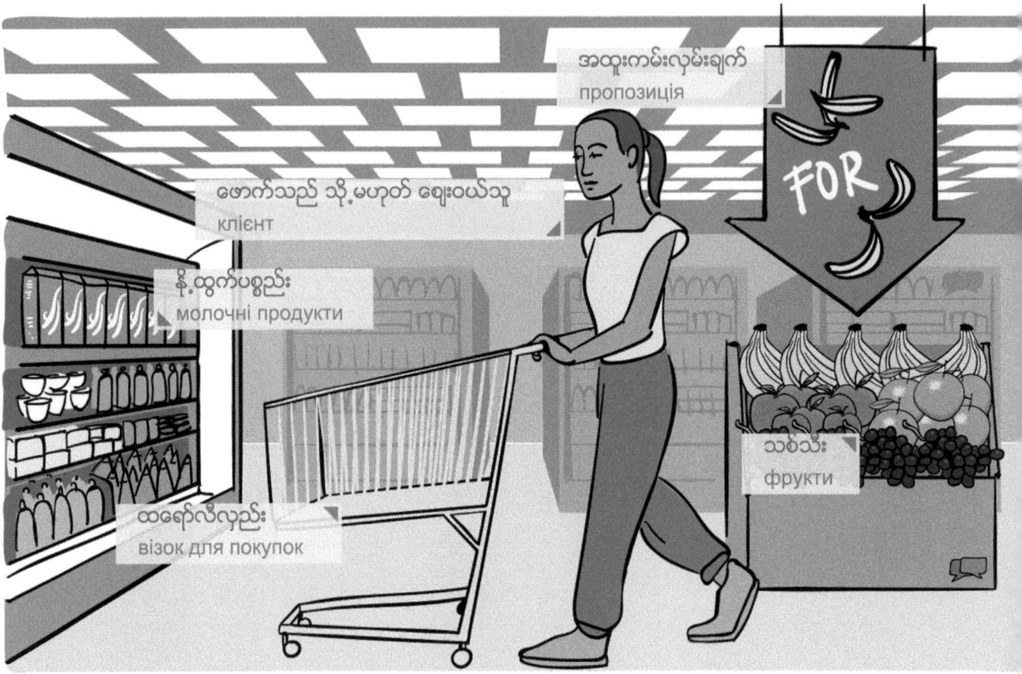

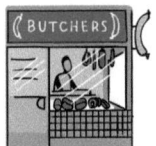

သားသတ်သမား၏

м'ясний магазин

BAKERY

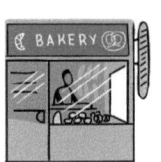

မုန့်ဖုတ်သမား၏

пекарня

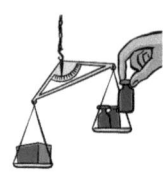

အလေးချိန်သည်

зважувати

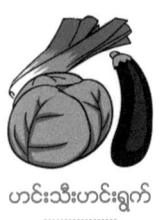

ဟင်းသီးဟင်းရွက်

овочі

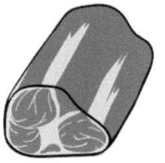

အသား

м'ясо

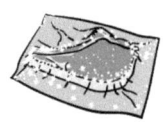

အေးခဲထားသည့် အစားအစာ

заморожені продукти

ပြင်ဆင်ထားသော အသားအေး
ковбасна нарізка

သံဗူးသွပ် အစားအစာ
консерви

ဆပ်ပြာမှုန့်
пральний порошок

သကြားလုံးများ
солодощі

အိမ်သုံး ပစ္စည်းများ
предмети домашнього побуту

သန့်ရှင်းရေး ပစ္စည်းများ
мийний засіб

ဈေးရောင်းသူ
продавщиця

အထီ
каса

ငွေကိုင်
касир

ဈေးဝယ်စာရင်း
список покупок

ဖွင့်ချိန်နာရီများ
часи роботи

အိတ်ဆောင် ပိုက်ဆံအိတ်
гаманець

အကြွေဝယ်ကတ်
кредитна картка

အိတ်
сумка

ပလတ်စတစ်အိတ်
поліетиленовий пакет

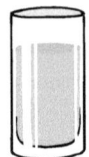

ရေ

вода

သစ်သီးဖျော်ရည်

сік

နွားနို့

молоко

ကိုကာကိုလာ

кола ·

ဝိုင်

вино

ဘီယာ

пиво

အရက်

алкоголь

ကိုကိုးမှုန့်

какао

လက်ဖက်ရည် သို့မဟုတ်
ရေနွေးကြမ်း

чай

ကော်ဖီ

кава

အက်စ်ပရက်ဆို ကော်ဖီ

еспресо

ကပူချီနိုကော်ဖီ

капучіно

ငှက်ပျောသီး

банан

ပန်းသီး

яблуко

လိမ္မော်သီး

апельсин

ဖရဲသီးမျိုးဝင်

кавун

သံပုယိုသီး

лимон

မုန်လာဥနီ

морква

ကြက်သွန်ဖြူ

часник

မျှစ်

бамбук

ကြက်သွန်နီ

цибуля

မှို

гриб

ပဲစေ့များ

горішки

ခေါက်ဆွဲ

локшина

စပါဂတီ ခေါ် အီတလီ ခေါက်ဆွဲ
....
спагеті

ထမင်း
....
рис

ဆလပ်ရွက်သုတ်
....
салат

အကြွပ်ကြော်များ
....
картопля фрі

အာလူးကြော်
....
смажена картопля

ပီဇာ
....
піца

ဟမ်ဘာဂါ
....
гамбургер

အသားညှပ်ပေါင်မုန့်
....
бутерброд

ကတ်တလိပ်
....
шніцель

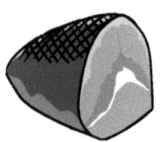

ဝက်ပေါင်ခြောက်
....
шинка

ဆလာမီ
....
салямі

ဝက်အူချောင်း
....
ковбаса

ကြက်သား
....
курка

ရို့စ်လုပ်ခြင်း
....
печеня

ငါး
....
риба

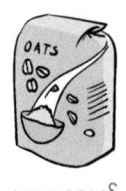

ကွေကာအုတ်

вівсяні пластівці

မျိုးစလီ

мюслі

ပြောင်းစေ့ပြား

кукурудзяні пластівці

ဂျုံမုန့်

борошно

ခရာဆွန်း ခေါ်
ပြင်သစ်ပေါင်မုန့်တစ်မျိုး

круасан

ပေါင်မုန့်လိပ်

булочка

ပေါင်မုန့်

хліб

ပေါင်မုန့်မီးကင်

тостовий хліб

ဘီစကစ်

печиво

ထောပတ်

масло

ဒိန်ခဲ

сир

ကိတ်မုန့်

пиріг

ဥ

яйце

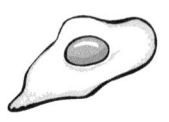

ဥကြော်

яєчня

ချိစ်

сир

ရေခဲမုန့်

морозиво

သကြား

цукор

ပျားရည်

мед

ယို

мармелад

ယိုသုတ်စားသည့် ချောကလက်

нуга-крем

ဟင်း

карі

လယ်တောအိမ်
сільський будинок

တင်းကုပ်
комора

ကောက်ရိုးပုံ
солом'яні тюки

ကွင်းပြင်
поле

မြင်း
кінь

နောက်တွဲယာဉ်
причіп

လယ်ထွန်စက်
трактор

မြည်း
лоша

မြည်း
віслюк

သိုး
вівця

သိုး
ягня

ဆိတ်
коза

နွားမ
корова

နွားလေး
теля

ဝက်
свиня

ဝက်ကလေး
порося

နွားထီး
бик

ဘဲငန်း

гусак

ဘဲ

качка

ကြက်ပေါက်ကလေး

курча

ကြက်မ

курка

ကြက်ဖ

півень

ကြွက်

щур

ကြောင်

кіт

ကြွက်ကလေး

миша

နွားထီး

віл

ခွေး

собака

ခွေးအိမ်

собача будка

ပန်းခြံရေပိုက်

садовий шланг

ရေလောင်းသည့်ခွက်

лійка

တံစဉ်အပြားကြီး

коса

ထယ်

плуг

တံစဉ်
серп

ပေါက်ပြား
мотика

ကောက်ဆွ
вила

ပေါက်ချွန်း
сокира

ဘီးတပ် လက်တွန်းလှည်း
тачка

စားခွက်
корито

နို့ပူး
бідон молока

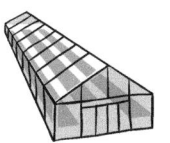

အိတ်
мішок

ခြံစည်းရိုး
паркан

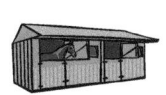

မြင်းဇောင်း
хлів

မှန်လုံအိမ်
теплиця

မြေကြီး
ґрунт

အစေ့
насіння

 မြေသြဇာ
добриво

စုပေါင်း ရိတ်သိမ်းသူ
комбайн

ရိတ်သိမ်းသည်

пожинати

ရိတ်သိမ်းသည်

урожай

ပီလောပီနံ

корінь ямсу

ဂျုံ

пшениця

ပဲပုပ်

соя

အာလူး

картопля

ပြောင်း

кукурудза

နံစားပြောင်းဆီ

ріпак

အသီးပင်

плодове дерево

ပီလောပီနံ

маніок

စီရီရယ် ခေါ် နံနက်စာတစ်မျိုး

злаки

လယ်ယာ - ферма

မီးခိုးခေါင်းတိုင်
димохід

ခေါင်မိုး
дах

ရေထုတ်ပိုက်
водостічний лоток

ပြတင်းပေါက်
вікно

ကားဂိုဒေါင်
гараж

လူခေါ်ခေါင်းလောင်း
дзвінок

တံခါး
двері

အမှိုက်ပုံး
відро для сміття

စာတိုက်သေတ္တာ
поштова скринька

ပန်းခြံ
сад

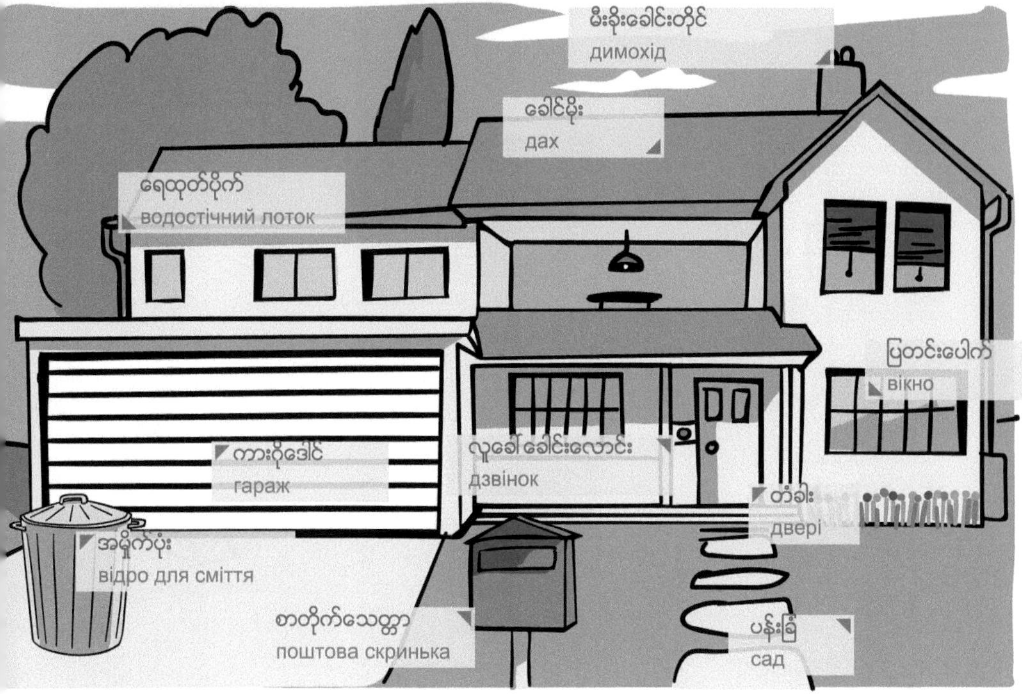

ဧည့်ခန်း

вітальня

ရေချိုးခန်း

ванна кімната

မီးဖိုချောင်

кухня

အိပ်ခန်း

спальня

ကလေး အခန်း

дитяча кімната

ထမင်းစားခန်း

їдальня

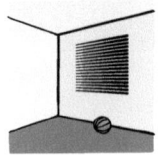

ကြမ်းပြင်

підлога

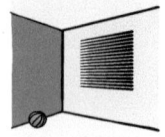

နံရံ

стіна

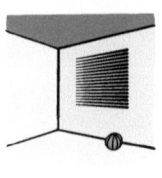

မျက်နှာကြက်

стеля

မြေအောက်ခန်း

підвал

ချွေးထုတ်ခန်း

сауна

ဝရန်တာ

балкон

ဝရန်တာ

тераса

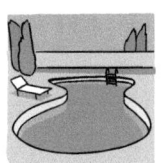

ရေကူးကန်

басейн

မြက်ရိတ်စက်

косарка

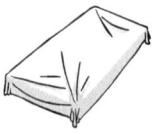

အချပ်

простирало

အိပ်ယာခင်း

ковдра

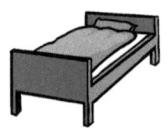

အိပ်ယာ

ліжко

တံမြက်စည်း

мітла

ရေပုံး

відро

မီးခလုတ်

перемикач

ဧည့်ခန်း
вітальня

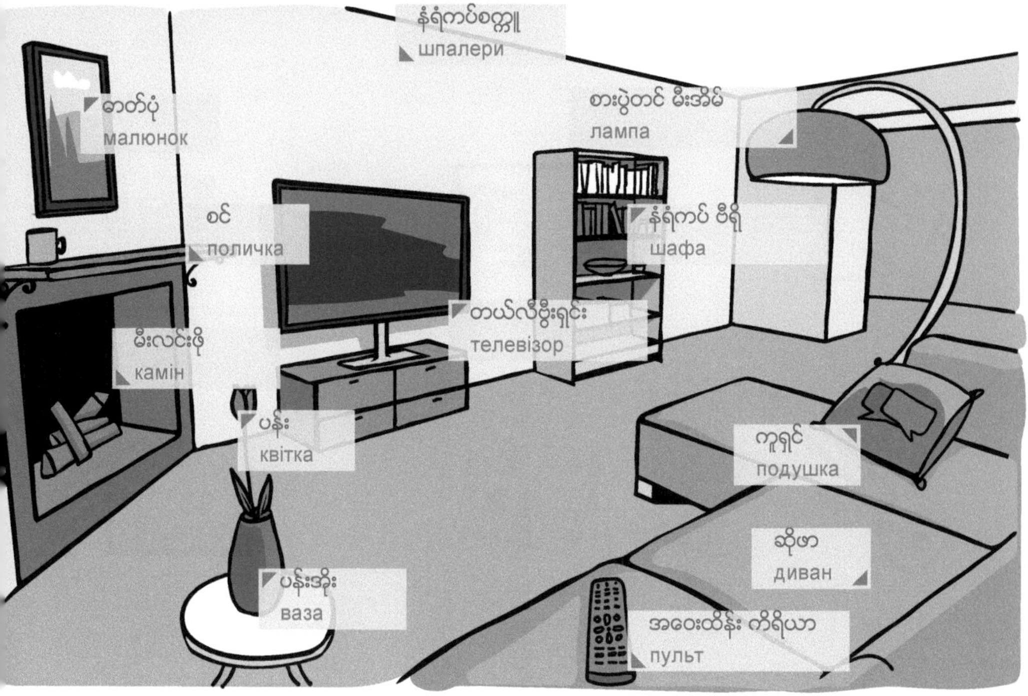

နံရံကပ်စက္ကူ
шпалери
ဓာတ်ပုံ
малюнок
စားပွဲတင် မီးအိမ်
лампа
စင်
поличка
နံရံကပ် ဗီရို
шафа
တယ်လီဗွီးရှင်း
телевізор
မီးလင်းဖို
камін
ပန်း
квітка
ကူရှင်
подушка
ဆိုဖာ
диван
ပန်းအိုး
ваза
အဝေးထိန်း ကိရိယာ
пульт

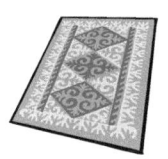

ကော်ဇော

килим

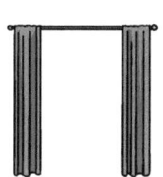

ကန့်လန့်ကာ

завіса

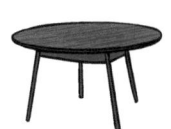

စားပွဲခုံ သို့မဟုတ် ဇယား

стіл

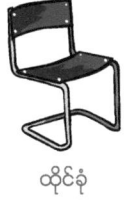

ထိုင်ခုံ

стілець

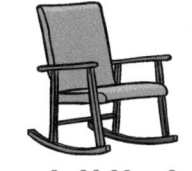

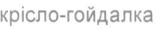

ရှေ့နောက် ယိမ်းနိုင်သည့် ထိုင်ခုံ

крісло-гойдалка

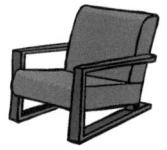

လက်တင်ထိုင်ခုံ

крісло

စာအုပ်

книга

စောင်

ковдра

အပြင်အဆင်

прикраса

ထင်း

дрова

ဖလင် သို့မဟုတ် ရုပ်ရှင်

фільм

ဟိုင်ဖိုင် ကိရိယာ

стереосистема

သော့

ключ

သတင်းစာ

газета

ပန်းချီကား

картина

ပိုစတာ

плакат

ရေဒီယို

радіо

မှတ်စုစာရွက်အုပ်

блокнот

ဖုံစုပ်စက်

пилосос

ရှားစောင်းပင်

кактус

ဖယောင်းတိုင်

свічка

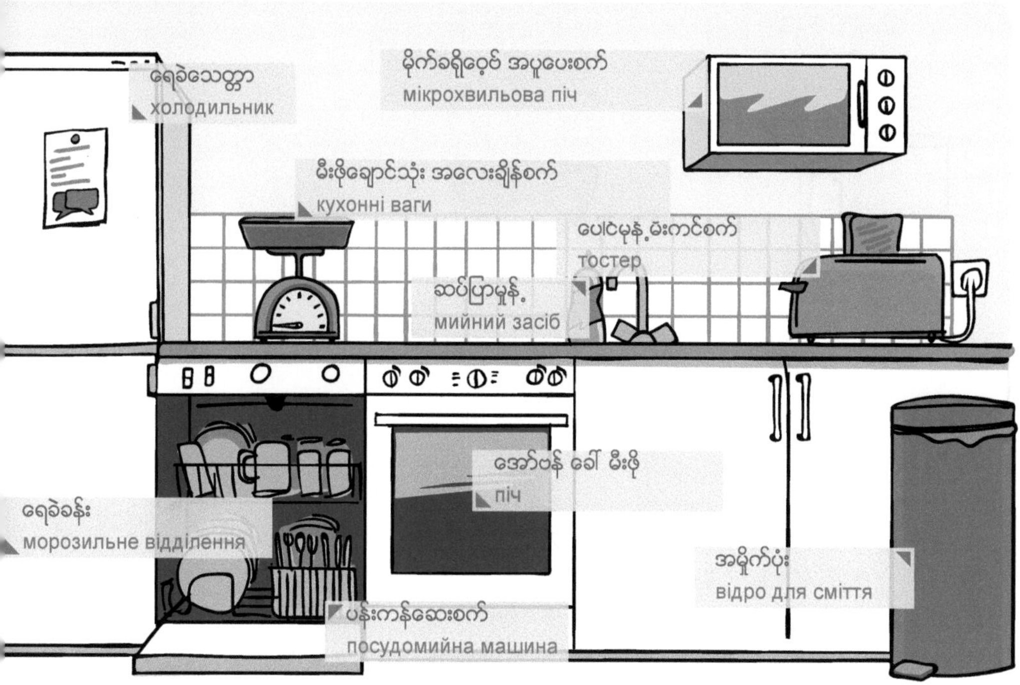

ရေခဲသေတ္တာ
холодильник

မိုက်ခရိုဝေ့ဗ် အပူပေးစက်
мікрохвильова піч

မီးဖိုချောင်သုံး အလေးချိန်စက်
кухонні ваги

ပေါင်မုန့် မီးကင်စက်
тостер

ဆပ်ပြာမှုန့်
мийний засіб

အော်ဗန် ခေါ် မီးဖို
піч

ရေခဲခန်း
морозильне відділення

ပန်းကန်ဆေးစက်
посудомийна машина

အမှိုက်ပုံး
відро для сміття

လျှပ်စစ် ချက်ပြုတ်အိုး
плита

အိုး
горщик

သံအိုးကြီး
чавунний горщик

မွှေကြော်သည့် ဒယ်အိုးကြီး /
ကာဒိုင်း
вок / кадай

ဒယ်အိုး
сковорода

ရေနွေးတည်သည့်အိုး
чайник

ပေါင်းစက်

пароварка

မုန့်ဖုတ်သည့် ပန်း

лист

ကြွေပန်းကန်ပြား ခွက်ယောက်

посуд

မတ်ခွက်

кухоль

ဇလုံပန်းကန်

чаша

အစားသည့်တူများ

палички для їжі

ယောက်ချို

черпак

မွှေသည့်အတံ

лопатка

ခေါက်တံ

вінчик для збивання

စစ်သည့် အရာ

сито

စကာ

сито

ခြစ်သည့်ကိရိယာ

терка

ပြုပ်ဆုံ

ступка

ဘာဘီကျူးကင်

барбекю

ထင်းမီးဖို

багаття

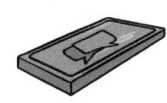

စင်းနီးတုံး

дошка

လည်နေသောပင်

качалка

ဖော့ဆို့

штопор

သံဗူး

конзерва

သံဗူးဖောက်တံ

відкривачка

အိုးတင်သည့်အရာ

прихватки

ရေဆေးသည့် နေရာ

раковина

စုပ်တံ

щітка

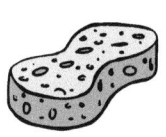

ရေမြှုပ်

губка

မွှေသည့်စက်

міксер

အေးခဲသည့် ရေခဲခန်း

морозильна камера

ကလေးနို့ဗူး

дитяча пляшка

ရေပိုက်ခေါင်း

кран

ရေချိုးခန်း

ванна кімната

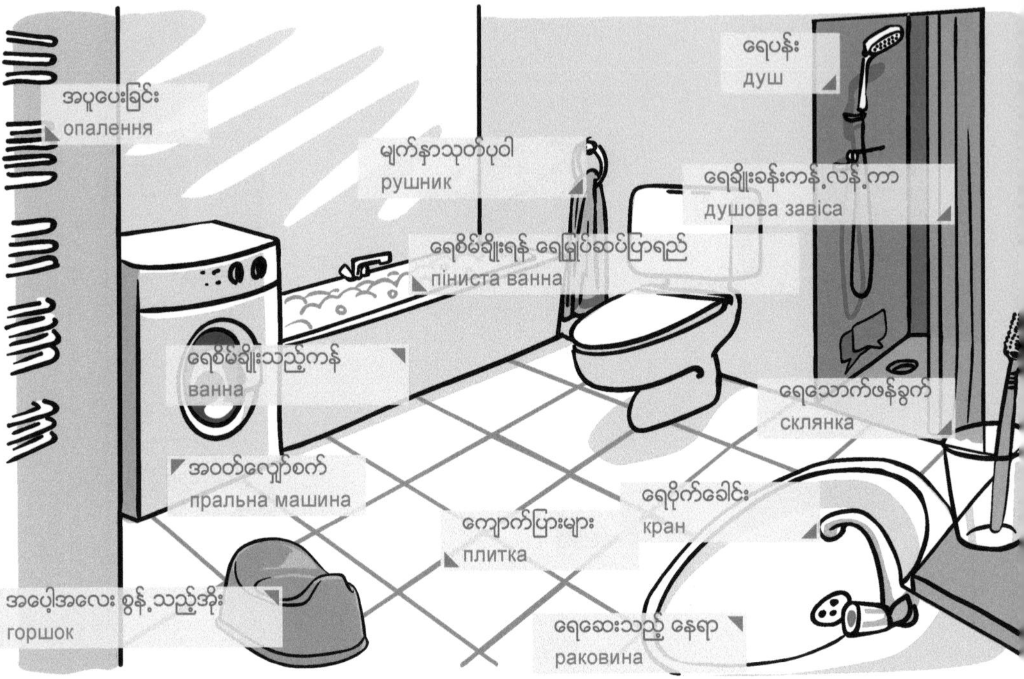

အပူပေးခြင်း
опалення
မျက်နှာသုတ်ပုဝါ
рушник
ရေပန်း
душ
ရေချိုးခန်းကန့်လန့်ကာ
душова завіса
ရေစိမ်ချိုးရန် ရေမြှုပ်ဆပ်ပြာရည်
піниста ванна
ရေစိမ်ချိုးသည့်ကန်
ванна
ရေသောက်ဖန်ခွက်
склянка
အဝတ်လျှော်စက်
пральна машина
ရေပိုက်ခေါင်း
кран
ကျောက်ပြားများ
плитка
အပေါ့အလေး စွန့်သည့်အိုး
горшок
ရေဆေးသည့် နေရာ
раковина

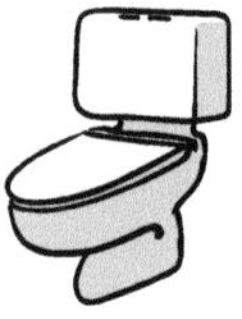

အိမ်သာ

туалет

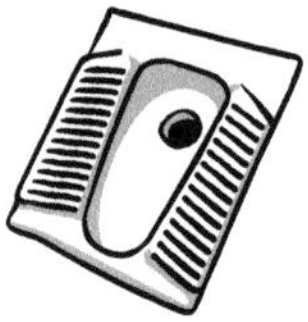

ဆောင့်ကြောင့်ထိုင်ရသည့် အိမ်သာ

підлоговий туалет

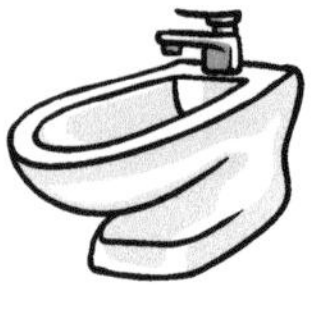

အမျိုးသမီးသုံး အောက်ပိုင်းဆေးသည့် ကမုတ်

біде

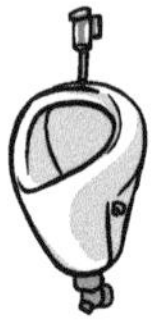

အမျိုးသား ဆီးသွားသည့်ကမုတ်

пісуар

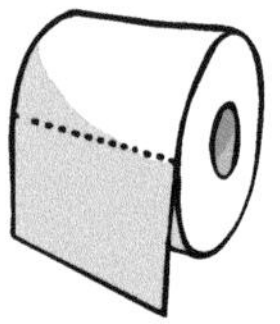

အိမ်သာသုံး စက္ကူ

туалетний папір

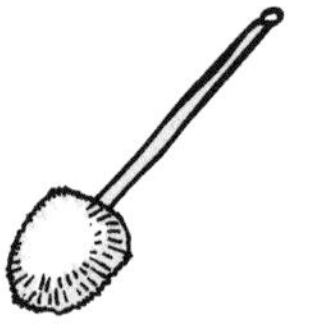

အိမ်သာတိုက် ဘရပ်ရှ်

щітка для туалету

သွားတိုက်တံ

зубна щітка

သွားတိုက်ဆေး

зубна паста

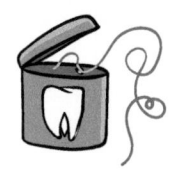

သွား ချေးထုတ်သည့် ကြိုး

нитка для чищення зубів

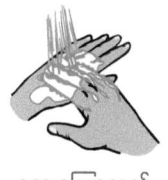

ဆေးကြောသည်

мити

လက်ကိုင် ရေပန်း

ручний душ

ရေပန်းဖြင့်ရေချိုးခြင်း

інтимний душ

ရေအင်တုံ

таз

နောက်ကျော ချေးတွန်းသည့် ဘရပ်ရှ်

щітка для спини

ဆပ်ပြာ

мило

ရေချိုးဆပ်ပြာရည်

гель для душу

ခေါင်းလျှော်ရည်

шампунь

ဖလန်နယ်စ

мочалка

ရေထွက်ပေါက်

водостік

ခရင်မ်

крем

ဒီအော်ဒရန့် ခေါ် ကိုယ်လိမ်းအမွေးနံ့သာ

дезодорант

မှန်

дзеркало

လက်ကိုင်မှန်

косметичне дзеркало

မုတ်ဆိတ်ရိတ်တံ

бритва

မုတ်ဆိတ်ရိတ်ရန် အမြှုပ်

піна для гоління

မုတ်ဆိတ်ရိတ်ပြီး
လိမ်းသည့်အမွှေးနံ့သာ

лосьйон після гоління

ခေါင်းဘီး

гребінь

ဘရပ်ရှ်

щітка

ဆံပင်ခြောက်စက်

фен

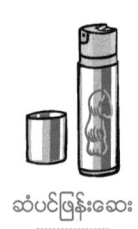

ဆံပင်ဖြန်းဆေး

лак для волосся

မိတ်ကပ်

косметика

နှုတ်ခမ်းဆိုးဆေး

губна помада

လက်သည်းဆိုးဆေး

лак для нігтів

ဂွမ်းလုံး

вата

လက်သည်းညှပ် ကပ်ကြေး

ножиці для нігтів

ရေမွှေး

парфум

ရေချိုးခန်းသုံး အိတ်
....
косметичка

ခွေးခြေ
....
табурет

ကိုယ်အလေးချိန်တိုင်းသည့်စက်
....
ваги

ရေချိုးပြီး ဝတ်သည့်ဝတ်ရုံ
....
халат

ရာဘာ လက်အိတ်များ
....
гумові рукавички

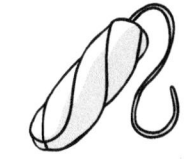

တန်ပွန် ခေါ် ဓမ္မတာလာစဉ် မိန်း
မကိုယ်တွင်းထည့်သည့်အရာ
....
тампон

အမျိုးသမီး လစဉ်သုံးပုဝါစ
....
гігієнічні прокладки

ဓာတုပစ္စည်းထည့်သုံးသည့်
အိမ်သာ
....
біотуалет

ကလေး အခန်း

дитяча кімната

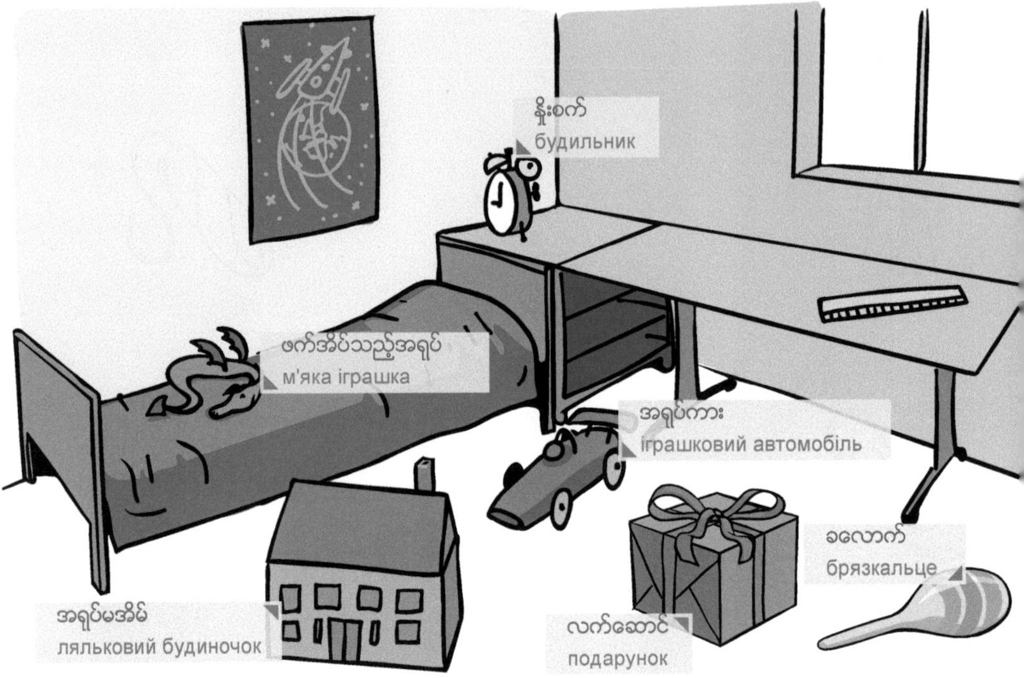

နိုးစက်
будильник
ဖက်အိပ်သည့်အရုပ်
м'яка іграшка
အရုပ်ကား
іграшковий автомобіль
ခလောက်
брязкальце
အရုပ်မအိမ်
лялькoвий будиночок
လက်ဆောင်
подарунок

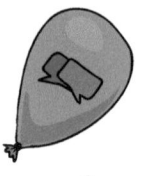

ပူဖောင်း

повітряна кулька

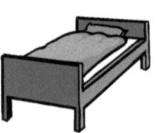

အိပ်ယာ

ліжко

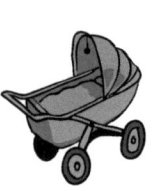

ကလေးတွန်းလှည်း

дитячий візок

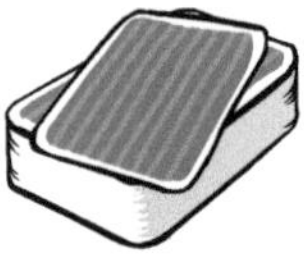

ကစားသည့်ကတ်ထုပ်

картярська гра

ဂျစ်ဆော ခေါ်
ဆက်၍ကစားသည့်
အပိုင်းအစများ

пазл

SUPER
MEGA

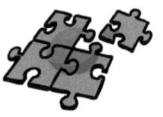

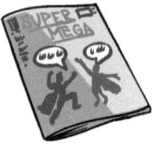

ရုပ်ပြစာအုပ်

комікс

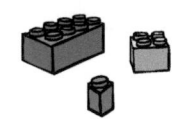

ဆောက်ရှု့ကစားသည့် လေဂို
အတုံးများ
лего цеглинки

ဆောက်ရှု့ကစားသည့်
အတုံးများ
блоки

လှုပ်ရှားလုပ်ကိုင်သူ
іграшкова фігурка

ဘောဘီဂရိုး
повзунки

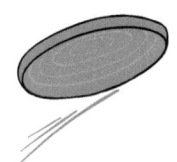

ဖရစ်ဘီး ခေါ် ပစ်၍ ကစားသည့်
အပြား
фризбі

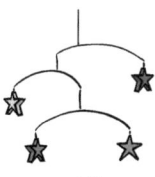

ရွေ့လျားနိုင်သော
мобіле

ဘုတ်ပြားပေါ်တွင် ကစားနည်း
настільна гра

အံစာတုံး
кубик

ကစားစရာ ရထား အစုံမော်ဒယ်
модель залізнична станція

အရုပ်
соска

ပါတီ
вечірка

ရုပ်ပြစာအုပ်
книжка з картинками

ဘောလုံး
м'яч

အရုပ်မ
лялька

ကစားသည်
грати

ကစားသည့် သဲပုံး

пісочниця

ဒန်း

гойдалка

အရုပ်များ

іграшка

ဗွီဒီယိုဂိမ်းကစားသည့် စက်

гральна консоль

သုံးဘီး စက်ဘီး

триколісний велосипед

တက်ဒီ ဝက်ဝံရုပ်

плюшевий мішка

အဝတ်ဗီရို

шафа

ခြေအိတ်များ

шкарпетки

အမျိုးသမီးဝတ် ခြေအိတ်ရှည်

панчохи

အမျိုးသမီး ခြေအိတ်အကြပ်

колготки

ပုဝါ
шарф

ထီး
парасоля

ခါးပတ်
ремінь

တီရှပ်
футболка

အားကစားဖိနပ်များ
кросівки

ဘွတ်ဖိနပ်များ
чоботи

ခြေညှပ်ဖိနပ်များ
домашнє взуття

ခြေစွပ် နောက်ပိတ်ဖိနပ်
сандалі

ရှူးဖိနပ်များ
взуття

ရာဘာ ဘွတ်ဖိနပ်များ
гумові чоботи

အောက်ခံ အဝတ်များ
труси

ဘရာဇီယာ
бюстгальтер

အပေါ်ထပ် လက်ပြတ်အကျီ
нижня сорочка

ကိုယ်ခန္ဓာ

боді

ဘောင်းဘီရှည်

штани

ဂျင်းဘောင်းဘီ

джинси

စကပ်

спідниця

ဘလောက်စ်အကျႌ

блузка

ရှပ်အကျႌ

сорочка

ခေါင်းစွပ်အကျႌ

пуловер

ခေါင်းစွပ်ပါ အကျႌ

светр

ဘလေဇာကုတ်အကျႌ

піджак

ဂျက်ကတ်အကျႌ

куртка

ကုတ်အကျႌ

пальто

မိုးကာ ကုတ်အကျႌ

дощовик

ဝတ်စုံ

костюм

ဂါဝန်

сукня

လက်ထပ် ဝတ်စုံ

весільна сукня

အနောက်တိုင်းဝတ်စုံပြည့်

костюм

ညအိပ်အကျီ

нічна сорочка

ညအိတ်ဝတ်စုံ

піжама

ဆာရီ

сарі

ခေါင်းအုပ်ပုဝါ

головна хустка

တာဘန် ခေါ် ခေါင်းပေါင်း

чалма

ဘာကာခေါ်
အမျိုးသမီးခေါင်းအုပ်

бурка

ကဗ်တန် ခေါ်
အမျိုးသားဝတ်သောင်းဘီ

кафтан

အာဘယာ ခေါ် မွတ်ဆလင်
အမျိုးသမီးဝတ်အကျီ

абая

ရေကူးဝတ်စုံ

купальник

အဝတ်သေတ္တာ

плавки

ဘောင်းဘီတို

шорти

အားကစားဝတ်စုံ

тренувальний костюм

ခါးစည်း အဝတ်

фартух

လက်အိတ်များ

рукавички

အဝတ်အစား - одяг   47

ကြယ်သီး

гудзик

မျက်မှန်

окуляри

လက်ကောက်

браслет

လည်ဆွဲ

ланцюг

လက်စွပ်

кільце

နားကပ်

сережка

ခေါင်းဆောင်း ဦးထုပ်

шапка

ကုတ်အကျႌ ချိတ်

плічка

ဦးထုပ်

капелюх

နက်တိုင်

краватка

ဇစ်

застібка-блискавка

ဟဲလ်မက်ခေါ် ခေါင်းဆောင်း

шолом

သွားထိန်းများ

підтяжки

ကျောင်းဝတ်စုံ

шкільна форма

ယူနီဖောင်းဝတ်စုံ

уніформа

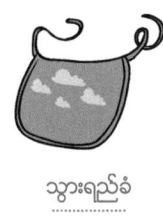

သွားရည်ခံ

нагрудник

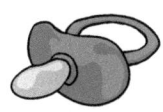

အရုပ်

соска

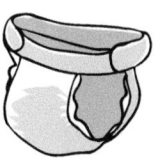

ကလေးအနီး

підгузок

ရုံးခန်း

офіс

ဆာဗာ
сервер
ဖိုင်ထည့်သည့် ဗီရို
шаф для документів
ပရင်တာ
принтер
စာရွက်
папір
မော်နီတာ
монітор
မောက်စ်
миша
စာရေးစားပွဲခုံ
письмовий стіл
စာရွက်ထည့်သည့် ခေါက်ဖိုင်
папка
ကီးဘုတ်
синтезатор
အမှိုက်စက္ကူပုံး
кошик для паперу
ကွန်ပြူတာ
комп'ютер
ထိုင်ခုံ
стілець

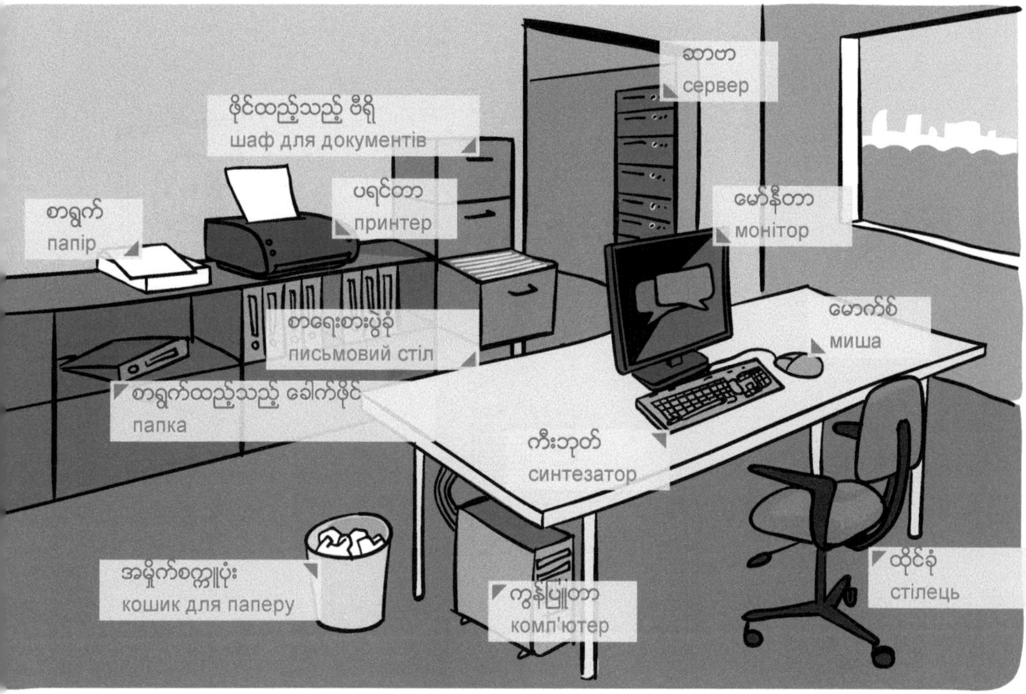

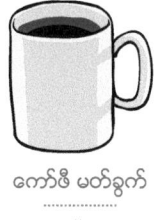

ကော်ဖီ မတ်ခွက်

кавовий кухоль

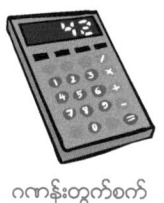

ဂဏန်းတွက်စက်

калькулятор

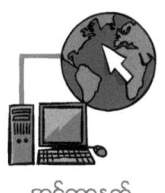

အင်တာနက်

інтернет

ပေါင်ပေါ် တင်ရိုက်နိုင်သည့်
ကွန်ပျူတာ

ноутбук

စာ

....

лист

မက်ဆေ့ချ်

....

повідомлення

မိုဘိုင်းဖုန်း

мобільний телефон

ကွန်ရက်

....

мережа

မိတ္တူကူးစက်

....

копіювальний пристрій

ဆော့ဖ်ဝဲရ်

програмне забезпечення

တယ်လီဖုန်း

....

телефон

ပလပ်ပေါက်

....

розетка

ဖက်စ်ပို့သည့် စက်

....

факс

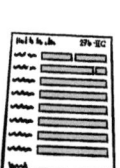

ပုံစံ

....

бланк

စာရွက်စာတမ်း

....

документ

ဝယ်ယူသည်

купувати

ပေးအပ်သည်

платити

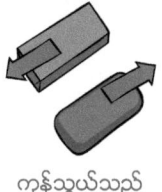

ကုန်သွယ်သည်

торгувати

ပိုက်ဆံ

гроші

ဒေါ်လာ

долар

ယူရိုငွေ

євро

JPY

ယန်းငွေ

ієна

RUB

ရှုဘယ်ငွေ

рубль

CHF

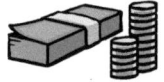

ဆွစ်ဇာလန်နိုင်ငံသုံးငွေ

франк

CNY

ရမ်မင်ဘီ ယွမ်

юанів женьміньбі

INR

ရူပီး

рупія

ငွေချေသည့်နေရာ

банкомат

ငွေလဲဌာန

обмінний пункт

ရွှေ

золото

ငွေ

срібло

ဆီ

нафта

စွမ်းအင်

енергія

ဈေးနှုန်း

ціна

စာချုပ်

контракт

အခွန်

податок

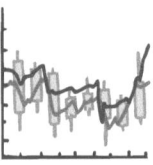

စတော့ဈေးကွက်

акція

အလုပ်လုပ်သည်

працювати

ဝန်ထမ်း

працівник

အလုပ်ရှင်

роботодавець

စက်ရုံ

фабрика

ဆိုင်

магазин

професії

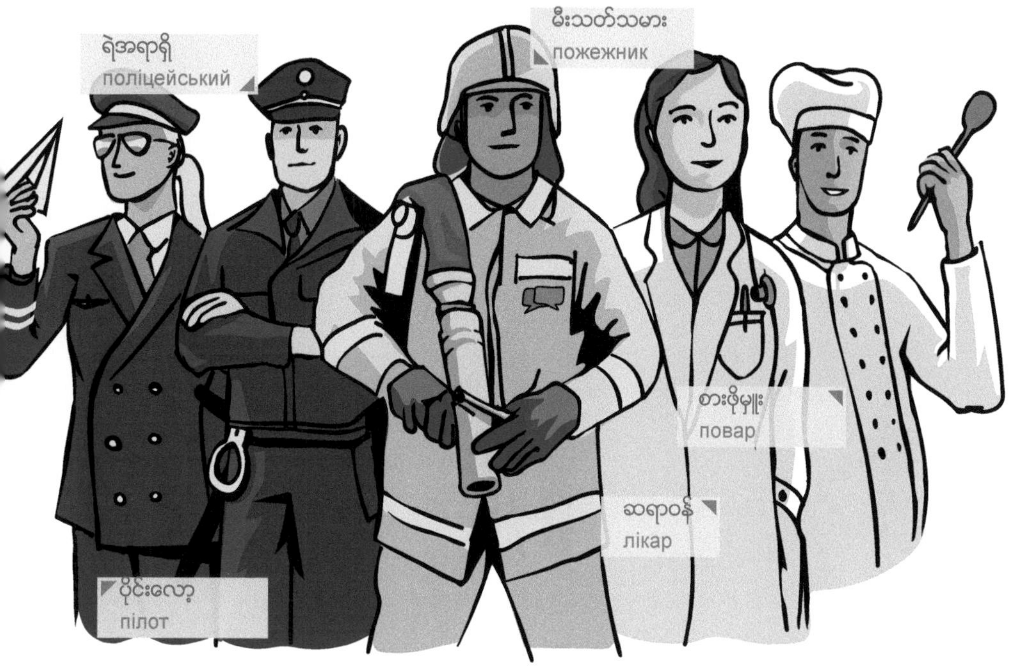
ရဲအရာရှိ
поліцейський
မီးသတ်သမား
пожежник
စားဖိုမှူး
повар
ဆရာဝန်
лікар
ပိုင်းလော့
пілот

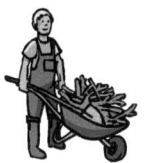

မာလီ

садівник

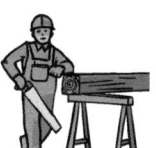

လက်သမား

столяр

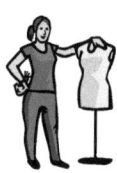

စက်ချုပ်သူ

швачка

တရားသူကြီး

суддя

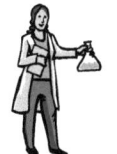

ဓာတုဗေဒပညာရှင်

хімік

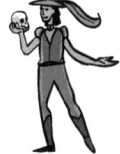

သရုပ်ဆောင်

актор

ဘတ်စ်ကားမောင်းသမား

водій автобуса

တက္ကစီမောင်းသူ

таксист

ငါးဖမ်းသမား

рибалка

သန့်ရှင်းရေး အလုပ်သမ

прибиральниця

အမိုးပြင်သူ

покрівельник

စားပွဲထိုး

офіціант

အမဲလိုက်မုဆိုး

мисливець

ဆေးသုတ်သမား သို့ မဟုတ်
ပန်းချီဆရာ

художник

မုန့်ဖုတ်သမား

пекар

လျှပ်စစ်ပညာရှင်

електрик

ဆောက်လုပ်ရေးသမား

будівельник

အင်ဂျင်နီယာ

інженер

သားသတ်သမား

забійник

ပိုက်ဆက်ဆရာ

бляхар

စာပို့သမား

листоноша

စစ်သား

солдат

ဗိသုကာပညာရှင်

архітектор

ငွေကိုင်

касир

ပန်းပညာရှင်

флорист

ဆံပင်အလှပြင်သူ

перукар

လက်မှတ်စစ်

кондуктор

စက်ပြင်ဆရာ

механік

ကပ္ပတိန်

капітан

သွားဘက်ဆိုင်ရာ ဆရာဝန်

дантист

သိပ္ပံပညာရှင်

вчений

ရာဘိုင်

рабин

မွတ်ဆလင် တရားဟောဆရာ

імам

ဘုန်းကြီး

монах

တရားဟောဆရာ

пастор

ကိရိယာ တန်ဆာပလာများ

інструменти

တူ
молоток
ပလာယာများ
щипці
ဝက်အူလှည့်
викрутка
စပန်နာ
гайковий ключ
လက်နှိပ်ဓာတ်မီး
кишеньковий л

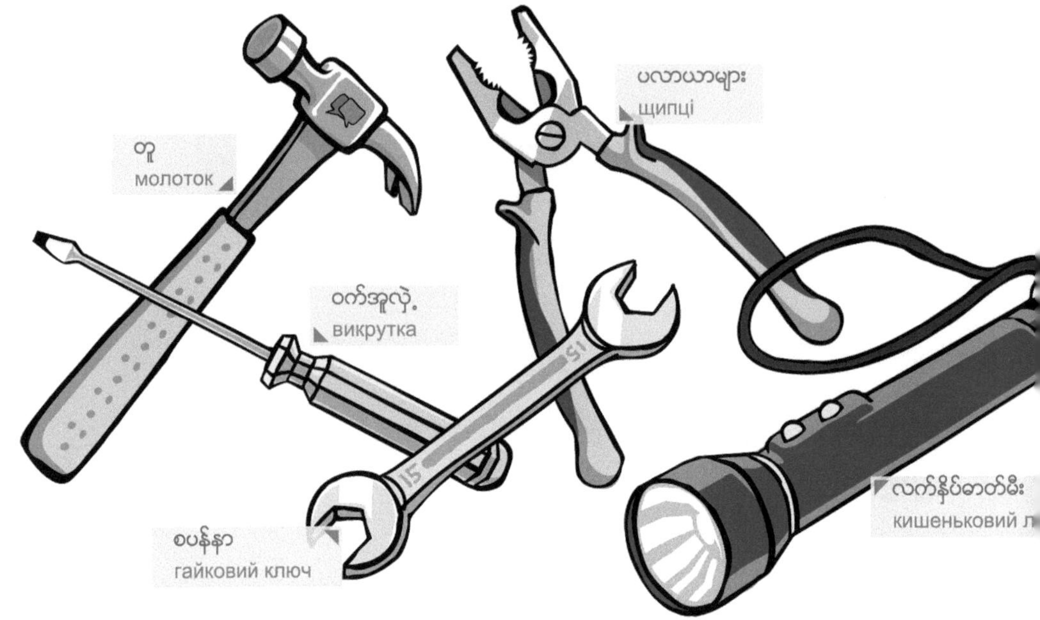

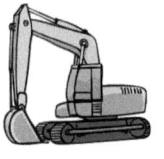

မြေတူးစက်

екскаватор

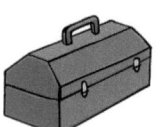

လက်သမားသုံးကိရိယာ သေတ္တာ

ящик для інструментів

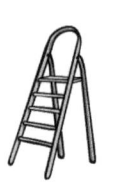

လှေကား

драбина

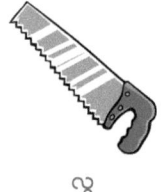

လွှ

пилка

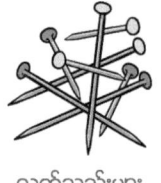

လက်သည်းများ

цвяхи

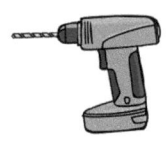

အပေါက်ဖောက်စက်

свердло

ပြင်ဆင်သည်
....
ремонтувати

ဂေါ်ပြား
....
лопата

ဆီးတွဲမှပဲ
....
лайно!

ဖုန်ကျိုးသည့် ဂေါ်ပြား
....
совок

ဆေးရောင်အိုး
....
відро з фарбою

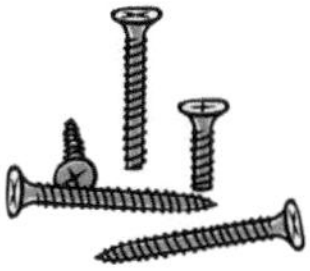

ဝက်အူများ
....
гвинти

ဂီတတူရိယာများ
музичні інструменти

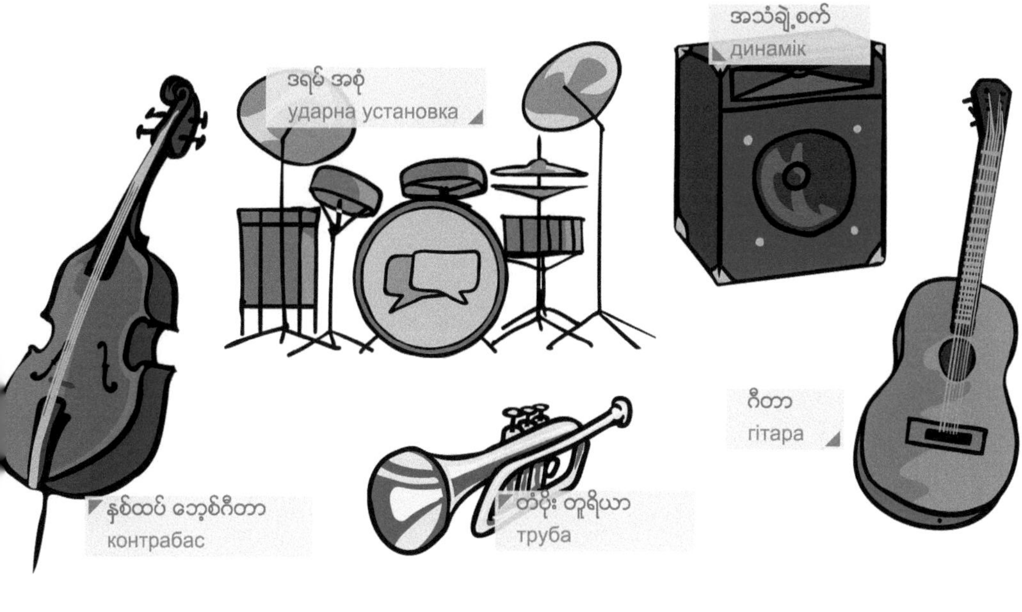

အသံချဲ့စက်
динамік

ဒရမ် အစုံ
ударна установка

ဂီတာ
гітара

နှစ်ထပ် ဘော်စ်ဂီတာ
контрабас

တံပိုး တူရိယာ
труба

စန္ဒယား

фортепіано

တယော

скрипка

ဘော့စ်ဂီတာ

бас

နားစည်အမွေးပါး

литаври

ဒရမ်များ

барабан

ကီးဘုတ် တူရိယာ

клавіатура

ဆက်ဆိုဖုန်း ခေါ်
လေမှုတ်တူရိယာ

саксофон

ပုလွေ

флейта

စကားပြောစက်

мікрофон

တိရိစ္ဆာန်ရုံ

зоопарк

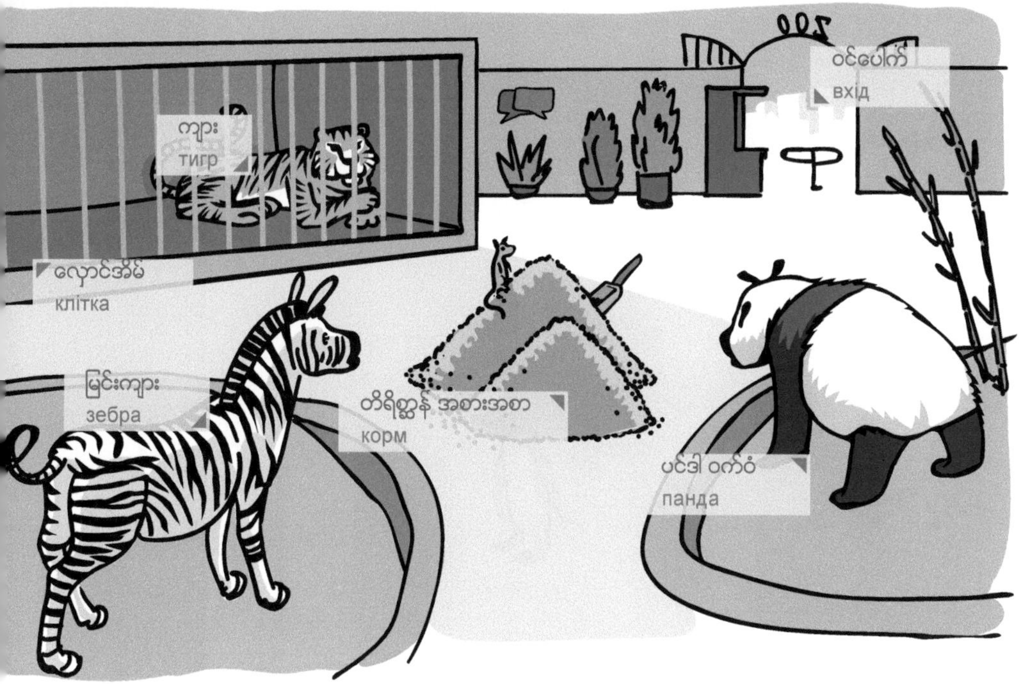
ဝင်ပေါက်
вхід
ကျား
тигр
လှောင်အိမ်
клітка
မြင်းကျား
зебра
တိရိစ္ဆာန် အစားအစာ
корм
ပင်ဒါ ဝက်ဝံ
панда

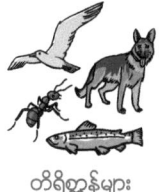

တိရိစ္ဆာန်များ

....

тварини

ဆင်

....

слон

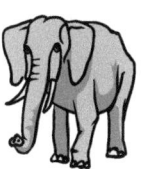

သားပိုက်ကောင်

....

кенгуру

ကြံ့

....

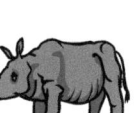

носоріг

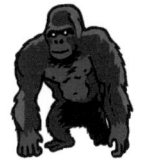

ဂေါ်ရီလာမျောက်

....

горила

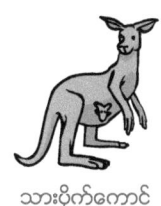

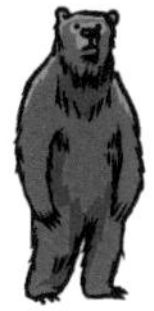

ဝက်ဝံ

....

ведмідь

ကုလားအုတ်

верблюд

ငှက်ကုလားအုတ်

страус

ခြင်္သေ့

лев

မျောက်

мавпа

ဖလမင်းဂိုးငှက်

фламінго

ကြက်တူရွေး

папуга

ဝိုလာဝက်ဝံ

білий ведмідь

ပင်ဂွင်းငှက်

пінгвін

ငါးမန်း

акула

ဥဒေါင်းငှက်

павич

မြွေ

змія

မိချောင်း

крокодил

တိရိစ္ဆာန်ရုံ ထိန်းသိမ်းသူ

працівник зоопарку

ဖျံ

тюлень

ကျားသစ်

ягуар

တိရိစ္ဆာန်ရုံ - зоопарк

ပိုနီမြင်း
....
поні

ကျားသစ်
....
леопард

ရေမြင်း
....
гіпопотам

သစ်ကုလားအုတ်
....
жираф

သိန်းငှက်
....
орел

တောဝက်
....
кабан

ငါး
....
риба

လိပ်
....
черепаха

ပင်လယ်ဖျံကြီး
....
морж

မြေခွေး
....
лисиця

ဦးချိုပါ သမင်ညိုတစ်မျိုး
....
газель

အားကစားများ

спорт

အမေရိကန် ဖွတ်ဘော
американський футбол

စက်ဘီးစီးခြင်း
їзда на велосипеді

တင်းနစ်ရိုက်ခြင်း
теніс

ဘတ်စကက်ဘော
баскетбол

ရေကူးခြင်း
плавання

လက်ဝှေ့
бокс

ရေခဲပြင် ဟော်ကီ
хокей

ဘောလုံးကန်ခြင်း
....
футбол

ကြက်တောင်ရိုက်ခြင်း
....
бадмінтон

ကိုယ်လက်လှုပ်ရှား
အားကစားများ
....
легка атлетика

ဟန်းဒ်ဘော ခေါ် လက်ပစ်ဘော
....
гандбол

နှင်းလျှောစီးခြင်း
....
лижні перегони

ပိုလို
....
поло

ခုန်သည်
стрибати

ရယ်မောသည်
сміятися

ဖွေ့ဖက်သည်
обіймати

လမ်းလျှောက်သည်
йти

သီချင်းဆိုသည်
співати

အိပ်မက်သည်
мріяти

ဆုတောင်းသည်
молитися

နမ်းရှုပ်သည်
цілувати

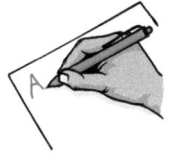

စာရေးသည်
писати

ရေးဆွဲသည်
малювати

ပြသသည်
показувати

တွန်းသည်
တ

ချန်သည်
тиснути

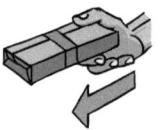

ပေးသည်
давати

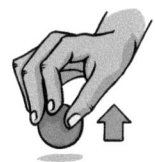

ယူသည်
брати

ရှိသည်

мати

ပြုလုပ်သည်

робити

ဖြစ်သည်

бути

မတ်တပ်ရပ်သည်

стояти

ပြေးသည်

бігати

ဆွဲသည်

тягнути

ပစ်သည်

кидати

လဲကျသည်

падати

လိမ်လည်သည်

лежати

စောင့်ဆိုင်းသည်

очікувати

သယ်ဆောင်သည်

носити

ထိုင်သည်

сидіти

အဝတ်အစားဝတ်သည်

одягати

အိပ်သည်

спати

အိပ်ယာမှ ထသည်

просипатися

တစ်ခုခုကို ကြည့်ရှုသည်

дивитися

ငိုသည်

плакати

ပွတ်သပ်သည်

гладити

ဘီးဖီးသည်

розчісувати

စကားပြောသည်

розмовляти

နားလည်သည်

розуміти

မေးသည်

питати

နားထောင်သည်

слухати

သောက်သည်

пити

စားသည်

їсти

သပ်ရပ်အောင်လုပ်သည်

прибирати

ချစ်သည်

любити

ချက်ပြုတ်သည်

варити

မောင်းသည်

їхати

ပျံသန်းသည်

літати

ရွက်လွင့်သည်

йти під вітрилом

တွက်ပါ

рахувати

ဖတ်သည်

читати

သင်ယူသည်

вчитися

အလုပ်လုပ်သည်

працювати

လက်ထပ်သည်

одружуватися

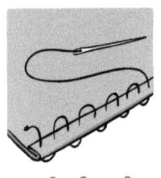

အပ်ချုပ်သည်

шити

သွားတိုက်သည်

чистити зуби

သတ်သည်

убивати

ဆေးလိပ်သောက်သည်

курити

ပို့သည်

посилати

မိသားစု

сім'я

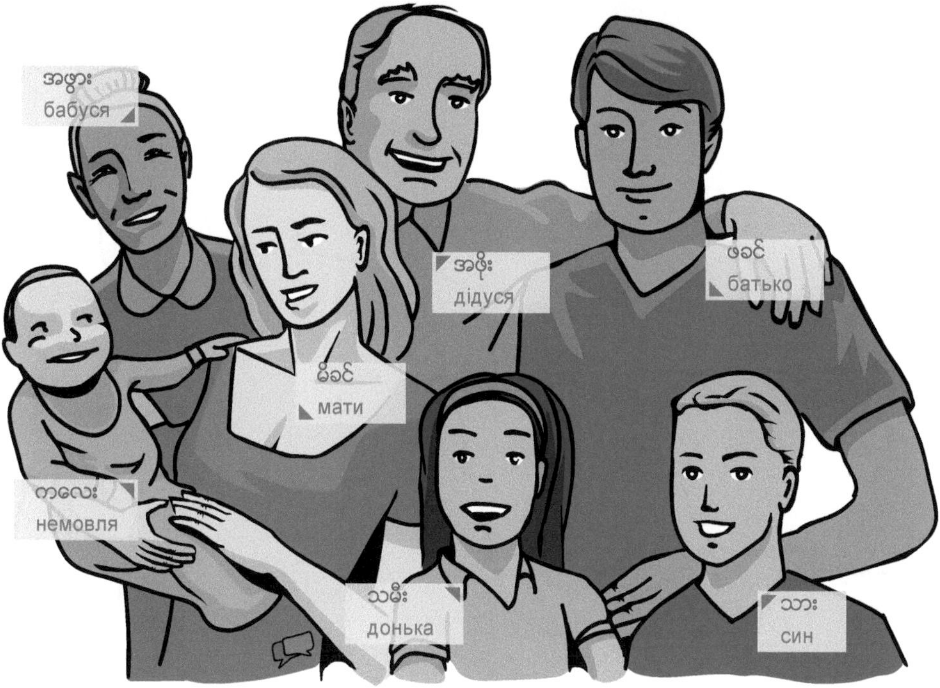

အဖွား
бабуся
အဖိုး
дідуся
ဖခင်
батько
မိခင်
мати
ကလေး
немовля
သမီး
донька
သား
син

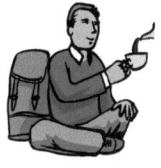

ဧည့်သည်

гість

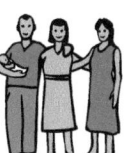

အဒေါ်

тітка

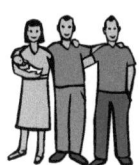

ဦးလေး

дядько

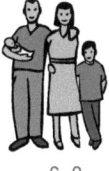

အစ်ကို

брат

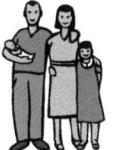

အစ်မ

сестра

ကိုယ်ခန္ဓာ

тіло

နဖူး
чоло
မျက်လုံး
око
ပုခုံး
плече
လက်ချောင်း
палець
မျက်နှာ
обличчя
မေးစေ့
підборіддя
လက်
кисть
ခြေသလုံး
нога
ရင်သား
груди
လက်မောင်း
рука

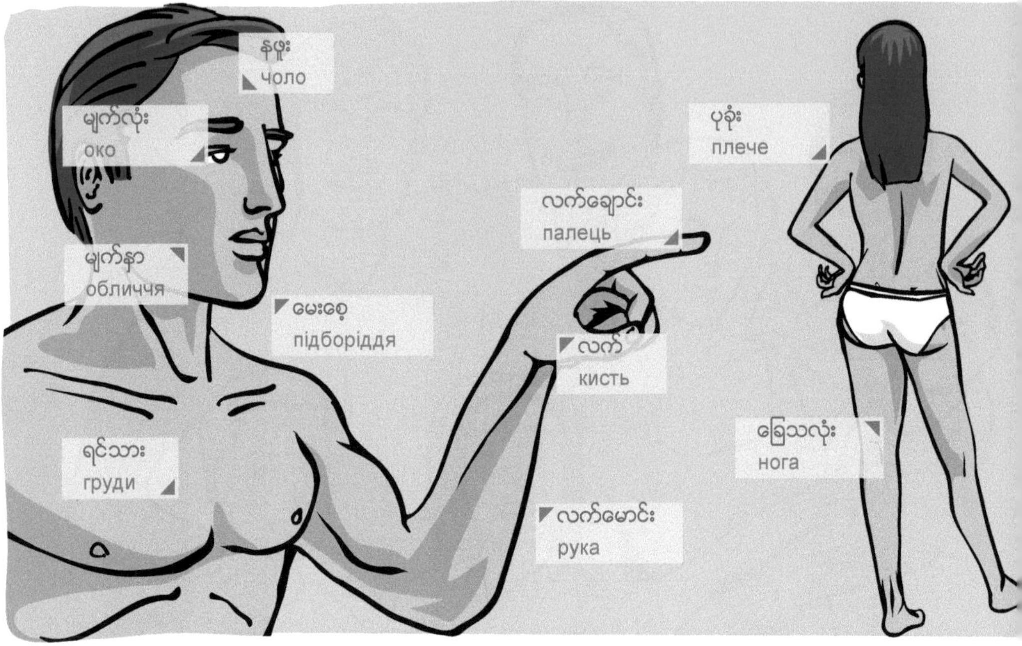

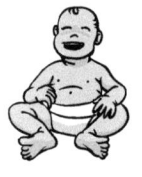

ကလေး

немовля

ယောက်ျားကြီး

чоловік

အမျိုးသမီးကြီး

жінка

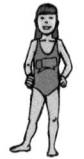

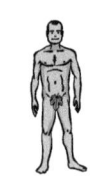

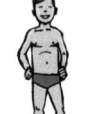

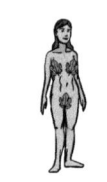

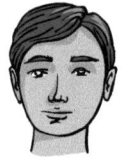

မိန်းကလေး

дівчина

ယောက်ျားလေး

хлопчик

ဦးခေါင်း

голова

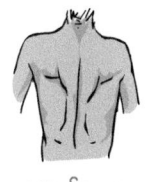

နောက်ကျော

спина

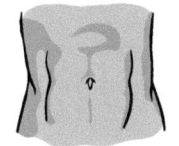

ဗိုက်

живіт

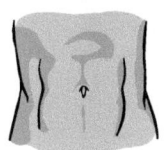

ချက်

пуп

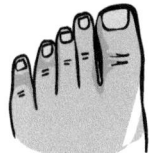

ခြေချောင်း

палець ноги

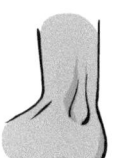

ဖနောင့်

п'ята

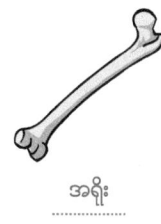

အရိုး

кістка

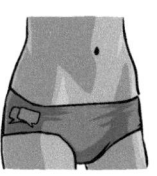

တင်ရိုး

стегно

ဒူးခေါင်း

коліно

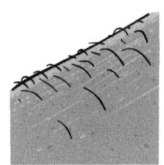

တံတောင်ဆစ်

лікоть

နာခေါင်း

ніс

တင်ပါး

сідниці

အရေပြား

шкіра

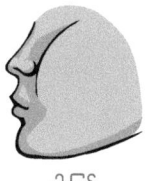

ပါးပြင်

щока

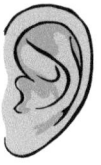

နား

вухо

နှုတ်ခမ်း

губа

ကိုယ်ခန္ဓာ - тіло

ပါးစပ်

рот

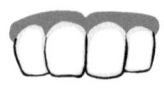

သွား

зуб

လျှာ

язик

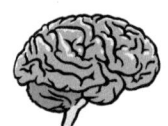

ဦးနှောက်

мозок

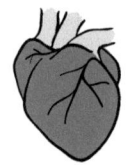

နှလုံး

серце

ကြွက်သား

м'яз

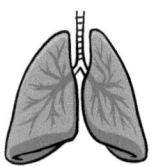

အဆုတ်

легені

အသည်း

печінка

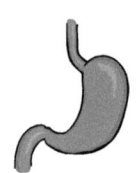

အစာအိမ်

шлунок

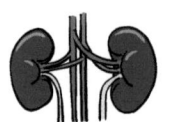

ကျောက်ကပ်များ

нирки

လိင်

статевий акт

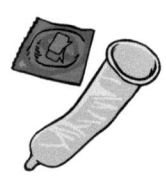

ကွန်ဒုံး

презерватив

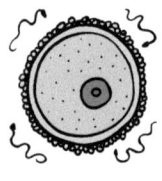

သားဥ

яйцеклітина

သုတ်ရည်

сперма

ကိုယ်ဝန်

вагітність

ဓမ္မတာလာခြင်း
....
менструація

မိန်းမကိုယ်
....
вагіна

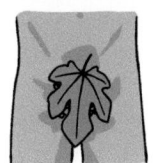

လိင်တံ
....
пеніс

မျက်ခုံး
....
брова

ဆံပင်
....
волосся

လည်ပင်း
....
шия

ဆေးရုံ
лікарня

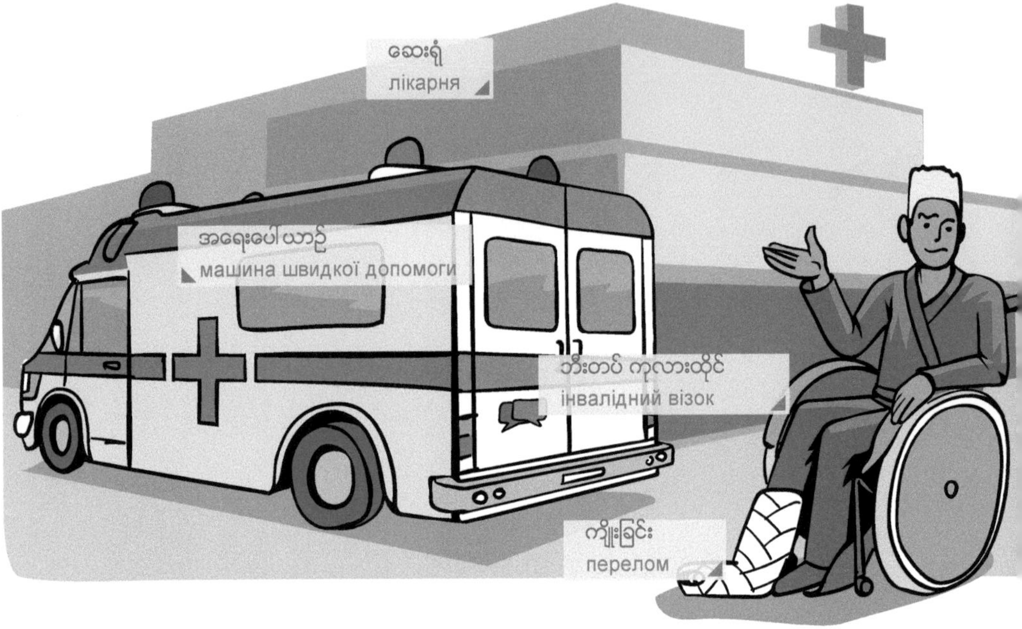

ဆေးရုံ
лікарня
အရေးပေါ်ယာဉ်
машина швидкої допомоги
ဘီးတပ် ကုလားထိုင်
інвалідний візок
ကျိုးခြင်း
перелом

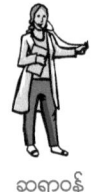

ဆရာဝန်

лікар

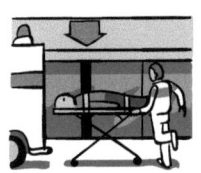

အရေးပေါ် ဆေးကုသခန်း

відділення швидкої медичної допомоги

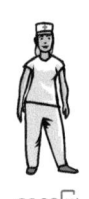

သူနာပြု

медсестра

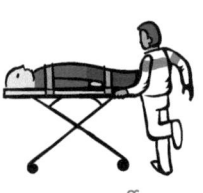

အရေးပေါ်

аварійний випадок

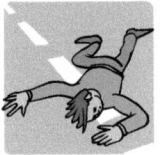

သတိလစ်ခြင်း

непритомний

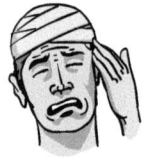

နာခြင်း

біль

ဒက်ရာ

травма

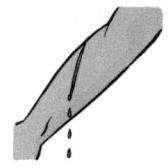

သွေးပိုထွက်ခြင်း

кровотеча

နှလုံးရပ်ခြင်း

інфаркт

လေဖြတ်ခြင်း

інсульт

ဓာတ်မတည့်ခြင်း

алергія

ချောင်းဆိုးခြင်း

кашель

အဖျား

лихоманка

တုပ်ကွေးရောဂါ

грип

ဝမ်းပျက်ဝမ်းလျှောခြင်း

пронос

ခေါင်းကိုက်ခြင်း

головна біль

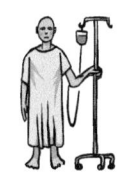

ကင်ဆာရောဂါ

рак

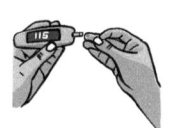

ဆီးချိုရောဂါ

діабет

ခွဲစိတ်ဆရာဝန်

хірург

ခွဲစိတ်ခန်းသုံးဓါးပါး

скальпель

ခွဲစိတ်ခြင်း

операція

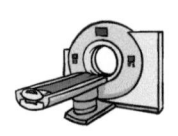

စီတီ
....
KT

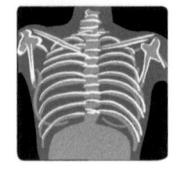

ဓာတ်မှန်
....
рентген

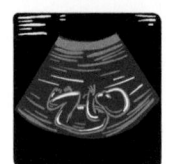

အာထရာဆောင်း
....
ультразвук

မျက်နှာဖုံး
....
маска

ရောဂါ
....
хвороба

စောင့်ဆိုင်းရန် အခန်း
....
зал очікування

ချိုင်းထောက်
....
милиця

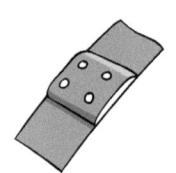

ပလာစတာ
....
пластир

ပတ်တီး
....
пов'язка

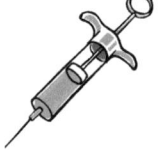

ထိုးဆေး
....
ін'єкція

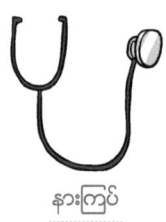

နားကြပ်
....
стетоскоп

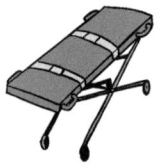

လူနာတင်ထမ်းစင်
....
ноші

ကုသရေးပိုင်းသုံး
အပူချိန်တိုင်းသာမိုမီတာ
....
термометр

မွေးဖွားခြင်း
....
народження

အဝလွန်ခြင်း
....
надмірна вага

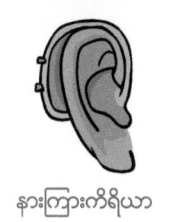

နားကြားကိရိယာ

слуховий апарат

ပိုးသတ်ဆေး

дезінфікуючий засіб

ရောဂါကူးစက်ခြင်း

інфекція

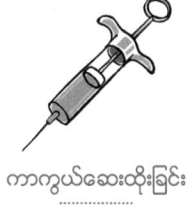

ဗိုင်းရပ်စ်ပိုး

вірус

အိတ်ချ်အိုင်ဗွီ /
အေအိုင်ဒီအက်စ်

ВІЛ / СНІД

ဆေးဝါး

медицина

ကာကွယ်ဆေးထိုးခြင်း

вакцинація

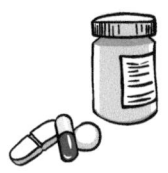

ဆေးလုံးများ

таблетки

ဆေးလုံး

протизаплідна пігулка

အရေးပေါ် ဖုန်းခေါ် ဆိုမှု

екстрений виклик

သွေးဖိအား စောင့်ကြည့်သည့်
ကိရိယာ

тонометр

နာမကျန်းသော / ကျန်းမာသော

хворий / здоровий

ကူညီကြပါ။

Допоможіть!

အရေးပေါ် ခေါင်းလောင်း

сигнал тривоги

ရိုက်နက်သည်

напад

တိုက်ခိုက်သည်

атака

အန္တရာယ်

небезпека

အရေးပေါ် ထွက်ပေါက်

аварійний вихід

မီး။

Вогонь!

မီးသတ်ဖုံး

вогнегасник

မတော်တဆဖြစ်ရပ်

аварія

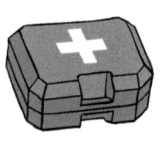

ကြက်ခြေနီ ဆေးပုံး

аптечка

အက်စ်အိုအက်စ်

SOS

ရဲ

поліція

ဥရောပတိုက်

Європа

မြောက်အမေရိကတိုက်

Північна Америка

တောင်အမေရိကတိုက်

Південна Америка

အာဖရိကတိုက်

Африка

အာရှတိုက်

Азія

သြစတေးလျတိုက်

Австралія

အတ္တလန္တိတ် သမုဒ္ဒရာ

Атлантика

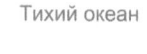

ပစိဖိတ် သမုဒ္ဒရာ

Тихий океан

အိန္ဒိယ သမုဒ္ဒရာ

Індійський океан

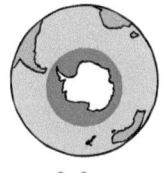

အန္တာတိတ် သမုဒ္ဒရာ

Антарктичний океан

အာတိတ် သမုဒ္ဒရာ

Північний Льодовитий
океан

မြောက်ဝင်ရိုးစွန်း

Північний полюс

တောင်ဝင်ရိုးစွန်း

Південний полюс

အန္တာတိကတိုက်

Антарктика

ကမ္ဘာမြေကြီး

Земля

ကုန်းမြေ

суша

ပင်လယ်

море

ကျွန်း

острів

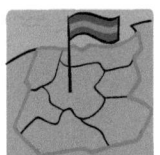

နိုင်ငံကူးလက်မှတ်

нація

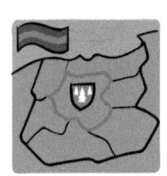

ပြည်နယ်

держава

နာရီမျက်နှာပြင်

циферблат

နာရီလက်တံ

годинникова стрілка

မိနစ်လက်တံ

хвилинна стрілка

ဒုတိယလက်တံ

секундна стрілка

ဘယ်အချိန်ရှိပြီလဲ။

Котра година?

ရက်

день

အချိန်

час

ယခု

зараз

ဒစ်ဂျစ်တယ် လက်ပတ်နာရီ

цифровий годинник

မိနစ်

хвилина

နာရီ

година

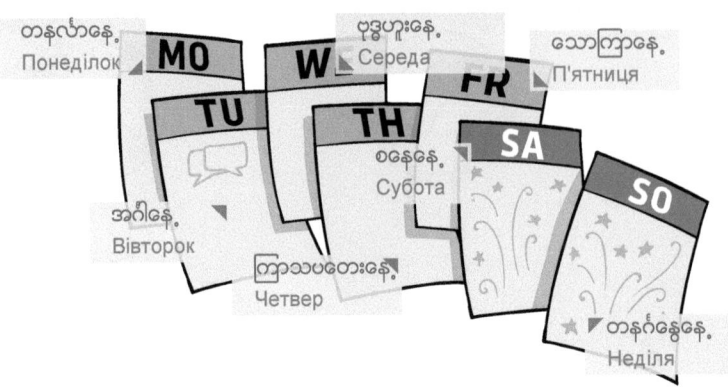

တနင်္လာနေ့ / Понеділок
MO

ဗုဒ္ဓဟူးနေ့ / Середа
W

သောကြာနေ့ / П'ятниця
FR

TU

TH

SA

အင်္ဂါနေ့ / Вівторок

စနေနေ့ / Субота

ကြာသပတေးနေ့ / Четвер

SO

တနင်္ဂနွေနေ့ / Неділя

မနေ့က

вчора

ယနေ့

сьогодні

မနက်ဖြန်

завтра

မနက်

ранок

နေ့လည်

опівдні

ညနေ

вечір

MO	TU	WE	TH	FR	SA	SU
1	2	3	4	5	6	7
8	9	10	11	12	13	14
15	16	17	18	19	20	21
22	23	24	25	26	27	28
29	30	31	1	2	3	4

MO	TU	WE	TH	FR	SA	SU
1	2	3	4	5	6	7
8	9	10	11	12	13	14
15	16	17	18	19	20	21
22	23	24	25	26	27	28
29	30	31	1	2	3	4

အလုပ်လုပ်ရက်များ

робочі дні

စနေ တနင်္ဂနွေ အားလပ်ရက်

кінець робочого тижня

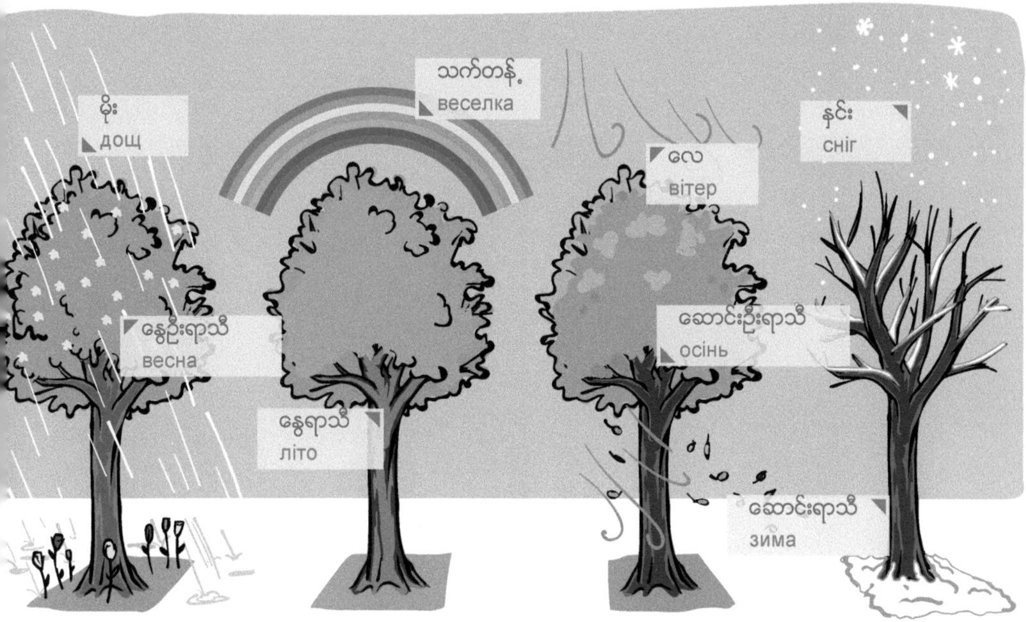

မိုး
дощ
သက်တန့်
веселка
လေ
вітер
နှင်း
сніг
နွေဦးရာသီ
весна
နွေရာသီ
літо
ဆောင်းဦးရာသီ
осінь
ဆောင်းရာသီ
зима

4.APRIL 11°
5.APRIL 4°
6.APRIL 13°
7.APRIL 8°
8.APRIL 10°

လေဝသ ကြိုတင်ခန့်မှန်းချက်

....

прогноз погоди

F
C
120
90
60
30
0
-30
40
30
20
10
0
-10
-20

အပူချိန်တိုင်း ကိရိယာ

....

термометр

နေရောင်ခြည်

....

сонячне світло

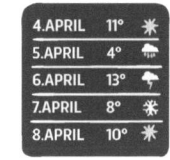

တိမ်

....

хмара

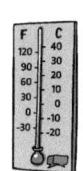

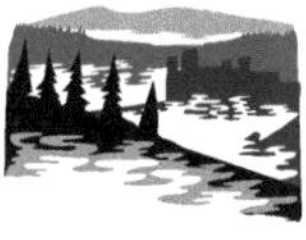

မြူ

....

туман

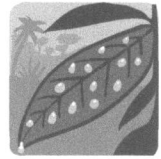

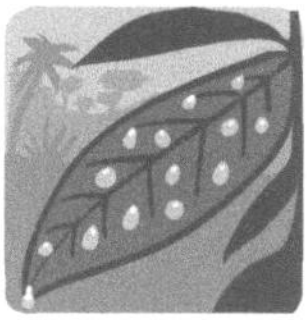

စိုထိုင်းဆ

....

вологість повітря

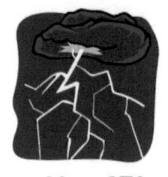

လျှပ်စီးလက်ခြင်း

блискавка

မိုးကြိုး

грім

မုန်တိုင်း

шторм

မိုးသီး

град

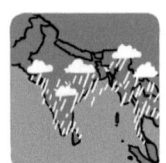

မိုးရာသီ

мусон

ရေကြီးခြင်း

повінь

ရေခဲ

лід

ဇန္နဝါရီလ

Січень

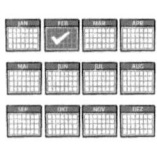

ဖေဖော်ဝါရီလ

Лютий

မတ်လ

Березень

ဧပြီလ

Квітень

မေလ

Травень

ဇွန်လ

Червень

ဇူလိုင်လ

Липень

သြဂုတ်လ

Серпень

နှစ် - рік

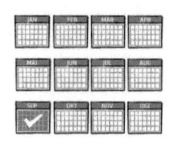

စက်တင်ဘာလ
....
Вересень

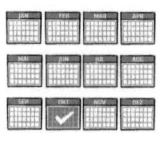

အောက်တိုဘာလ
....
Жовтень

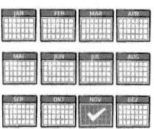

နိုဝင်ဘာလ
....
Листопад

ဒီဇင်ဘာလ
....
Грудень

форми

စက်ဝိုင်း
....
круг

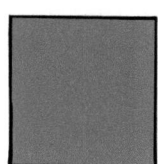

စတုရန်း
....
квадрат

ထောင့်မှန်စတုဂံ
....
прямокутник

တြိဂံ
....
трикутник

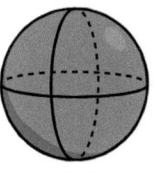

စက်ဝန်း
....
куля

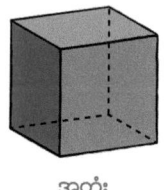

အတုံး
....
куб

အဖြူရောင်

білий

အဝါရောင်

жовтий

လိမ္မော်ရောင်

помаранчевий

ပန်းရောင်

рожевий

အနီရောင်

червоний

ခရမ်းရောင်

фіолетовий

အပြာရောင်

синій

အစိမ်းရောင်

зелений

အညိုရောင်

коричневий

မီးခိုးရောင်

сірий

အနက်ရောင်

чорний

အများအပြား / အနည်းငယ်
багато / мало

စိတ်ဆိုးသော /
စိတ်တည်ငြိမ်သော
лютий / мирний

လှပသော / ရုပ်ဆိုးသော
гарний / бридкий

အစ / အဆုံး
початок / кінець

အကြီးသော / အငယ်
великий / малий

တောက်ပသော / မှောင်မဲသော
світлий / темний

ညီအစ်ကို / ညီအစ်မ
брат / сестра

သန့်ရှင်းသော / ညစ်ပတ်သော
чистий / брудний

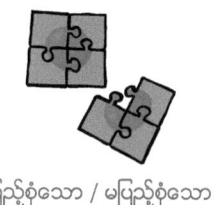

ပြည့်စုံသော / မပြည့်စုံသော
завершений /
незавершений

နေ့ / ည
день / ніч

သေသော / ရှင်သော
мертвий / живий

ကျယ်သော / ကျဉ်းသော
широкий / вузький

စားသုံးနိုင်သော / မစားသုံးနိုင်သော

їстівний / не їстівний

စိတ်ယုတ်သော / ကြင်နာသော

злий / дружній

စိတ်လှုပ်ရှားဖွယ် / ပျင်းရိဖွယ်

збуджений / нудьгуючий

ဝသော / ပိန်သော

товстий / тонкий

ပထမ / နောက်ဆုံးပိတ်

спочатку / востаннє

မိတ်ဆွေ / ရန်သူ

друг / ворог

အပြည့် / ဘာမှမရှိ

повний / порожній

မာသော / ပျော့သော

жорсткий / м'який

လေးလံသော / ပေါ့ပါးသော

важкий / легкий

ဆာလောင်သော / ရေဆာသော

голод / спрага

နာမကျန်းသော / ကျန်းမာသော

хворий / здоровий

တရားမဝင်သော / တရားဝင်သော

незаконний / законний

ဉာဏ်ကောင်းသော / ထိုင်းသော

розумний / дурний

ဘယ် / ညာ

вліво / вправо

နီးသော / ဝေးသော

поруч / далеко

အသစ် / အသုံးပြုပြီးသား

новий / використаний

ဘာမှမရှိ / တစ်ခုခု

нічого / щось

အသက်ကြီးသော /
ငယ်ရွယ်သော

старий / молодий

ဖွင့်သော / ပိတ်သော

вкл / викл

ဖွင့်သော / ပိတ်သော

відкрито / закрито

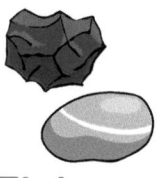

တိတ်ဆိတ် / ကျယ်လောင်

тихо / гучно

ချမ်းသာ / ဆင်းရဲ

багатий / бідний

အမှန် / အမှား

правильно / неправильно

ကြမ်းတမ်း / ချောမွေ့

шорсткий / гладкий

ဝမ်းနည်း / ဝမ်းသာ

сумний / щасливий

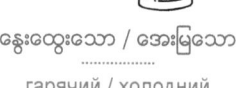

အတို / အရှည်

короткий / довгий

အနေး / အမြန်

повільно / швидко

တ်သော / ခြောက်သွေ့သော

вологий / сухий

နွေးထွေးသော / အေးမြသော

гарячий / холодний

စစ် / ငြိမ်းချမ်းရေး

війна / мир

0

သုည

нуль

1

တစ်

один

2

နှစ်

два

3

သုံး

три

4

လေး

чотири

5

ငါး

п'ять

6

ခြောက်

шість

7

ခုနစ်

сім

8

ရှစ်

вісім

9

ကိုး

дев'ять

10

တစ်ဆယ်

десять

11

ဆယ့်တစ်

одинадцять

12

ဆယ့်နှစ်

дванадцять

13

ဆယ့်သုံး

тринадцять

14

ဆယ့်လေး

чотирнадцять

15

ဆယ့်ငါး

п'ятнадцять

16

ဆယ့်ခြောက်

шістнадцять

17

ဆယ့်ခုနစ်

сімнадцять

18

ဆယ့်ရှစ်

вісімнадцять

19

ဆယ့်ကိုး

дев'ятнадцять

20

နှစ်ဆယ်

двадцять

100

ရာ

сто

1.000

ထောင်

тисяча

1.000.000

မီလျံ

мільйон

အင်္ဂလိပ် ဘာသာစကား

англійська

အမေရိကန် အင်္ဂလိပ်
ဘာသာစကား
американська англійська

တရုတ် မန်ဒရင်း ဘာသာစကား

китайська
високочиновницька

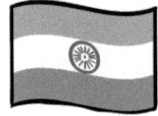

ဟိန္ဒူ ဘာသာစကား

хінді

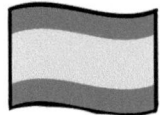

စပိန် ဘာသာစကား

іспанська

ပြင်သစ် ဘာသာစကား

французька

အာရပ်ဗီ ဘာသာစကား

арабська

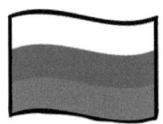

ရုရှ ဘာသာစကား

російська

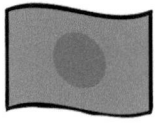

ဗင်္ဂါလီ ဘာသာစကား

бенгальська

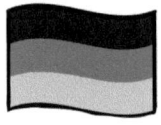

ဂျာမန် ဘာသာစကား

німецька

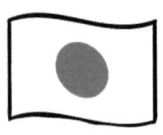

ဂျပန် ဘာသာစကား

японська

ကျွန်ုပ်

я

သင်

ти

သူ / သူမ / ၎င်း

він / вона / воно

ကျွန်ုပ်တို့

ми

သင်တို့

ви

သူ့တို့

вони

ဘယ်သူလဲ။

хто?

ဘာလဲ။

що?

ဘယ်လိုလဲ။

як?

ဘယ်နေရာလဲ။

де?

ဘယ်အချိန်လဲ။

коли?

အမည်

ім'я

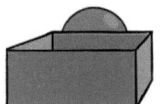

အနောက်ဖက်

ззаду

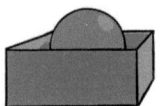

အတွင်း

в

အရှေ့ဖက်

перед

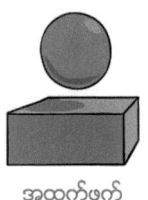

အထက်ဖက်

над

အပေါ်ဖက်

на

အောက်ဖက်

під

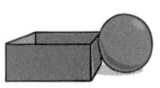

ဘေးဖက်

біля

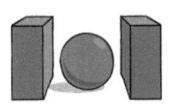

ကြား

між

နေရာ

місце